ESSAI

SUR

L'ART D'OBSERVER

ET DE FAIRE

DES EXPÉRIENCES;

SECONDE ÉDITION,

Considérablement changée et augmentée.

Par JEAN SENEBIER, Membre associé de l'Institut national, de diverses Académies et Sociétés savantes, et Bibliothécaire de Genève.

TOME III.

A GENEVE,

Chez J. J. PASCHOUD, Libraire.

———————————————

AN X. (1802.)

ESSAI

SUR

L'ART D'OBSERVER

ET DE FAIRE

DES EXPÉRIENCES.

ESSAI

SUR

L'ART D'OBSERVER

ET DE

FAIRE DES EXPÉRIENCES.

CINQUIÈME PARTIE.

L'art de faire les expériences.

CHAPITRE I.

De l'art de faire les expériences.

Oɴ n'a pas examiné long-temps en quoi consiste l'art d'observer, sans s'appercevoir qu'il serait insuffisant pour interpréter la nature dans toutes les circonstances, et qu'il faut le joindre à l'art de faire des expériences. J'ai résolu de m'en occuper encore, parce que ces deux arts ont plusieurs choses communes,

                                                  A

et qu'ils ne diffèrent qu'à quelques égards; ce sont ces différences que je veux faire remarquer ici, en renvoyant pour le reste à tout ce que j'ai déjà dit. Toutes les expériences sont soumises à l'observation, sans laquelle elles seraient mal faites ou deviendraient inutiles.

L'art de faire les expériences donne l'idée de deux parties assez distincte. La première qui consiste à répéter les expériences déjà faites, ce qui suppose l'adresse et l'exercice : on les acquiert par l'habitude. La seconde apprend à imaginer des expériences nouvelles, et à les exécuter de manière qu'elles remplissent leur but, en découvrant quelque vérité cachée ; elle suppose le génie et les connaissances qui sont moins utiles à l'autre, mais elle exige l'adresse et l'exercice dont la première ne saurait se passer.

J'ai déja fait remarquer la différence qu'il y a entre le philosophe observateur, et celui qui fait des expériences ; mais il faut se souvenir que le dernier n'attend point les réponses de la nature ; qu'il les sollicite par

son importunité et sa violence ; il imagine
les questions dont il cherche la solution ;
il invente les moyens pour l'obtenir ; il fait,
si je puis me servir de cette expression, la
plus grande partie des frais de la conversa-
tion avec la nature. Ce n'est qu'à force de
génie et d'attention, qu'il peut espérer des
résultats satisfaisants ; mais quoi qu'il en soit,
celui qui fait des expériences est toujours
obligé d'étudier à fond les effets dont il veut
découvrir les causes ; il doit pénétrer leurs
rapports avec ce qu'il connaît, demander à
chacun d'eux le secret qu'il désire, s'en servir comme d'un guide pour suivre sa route ;
mais il doit aussi veiller sur eux pour prévenir l'erreur où ils pourraient le jetter ; il
observera donc leur action, leur influence,
leurs changemens, avec leurs causes et leurs
circonstances ; les moyens d'augmenter, de
diminuer, de suspendre leur énergie : les
procédés pour distinguer les causes concourantes, et pour attribuer à chacune son effet.
C'est ainsi qu'on juge si les effets s'opèrent
à l'instant, ou par succession, s'ils sont produits par plusieurs agens ou par un seul ;
c'est ainsi qu'on distingue les causes des

phénomènes, et qu'on caractérise chacune d'elles ; mais c'est envain que je donnerai, cette esquisse, celui qui aura médité ce sujet en aura vu beaucoup plus, que je ne puis en dire ici, et il comprendra bientôt que l'art des expériences est un des arts les plus étendus, les plus difficiles, et les plus propres à faire connaître les talents de celui qui l'exerce.

Je remarquerai encore, que l'observation ne peut guères se séparer de l'expérience ; quand il faut approfondir les organes des animaux, la vue seule de l'animal et de ses parties n'indique pas toujours leur jeu et la manière dont ils le remplissent ; il faut encore les tirer de leur état naturel, pour découvrir, comment ce jeu s'opère. Spallanzani renverse les Oursins, pour voir s'ils se redressent par le moyen de leurs piquants ou de leurs tentacules, et il vit que les piquants n'avaient d'autre action que celle de s'écarter, pour laisser aux tentacules la facilité de se mouvoir. Dans les recherches lithologiques, on ne connaîtrait pas les objets, qu'on étudie, si l'on ne joignait pas les observations faites sur les lieux, aux expériences chimiques. Le chimiste raisonnerait mal sur la constitution des montagnes dans son laboratoire, s'il se bornait à ses analyses; tout comme les observations du lithologue deviennent insuffisantes, quand elles ne sont pas ajoutées aux expériences chimiques.

Enfin l'expérience conduit à l'observation par les idées qu'elle fournit. Quand Reaumur eut découvert par l'expérience que le froid retardait le développement des chrysalides, en retardant l'évaporation de leurs humeurs ; il pensa qu'il pourrait conserver les œufs frais en les vernissant, et cette expérience justifia la solidité de son soupçon.

Tout ce qui peut devenir seulement perceptible par le moyen des préparations artificielles, ou par une violence faite aux êtres qu'on étudie, est un sujet d'expérience, comme les phénomènes de l'électricité et de l'optique, parce qu'on ne peut les rendre sensibles ou pénétrer leur nature ; que par des moyens appropriés aux effets qu'on veut produire.

La nature agit dans les expériences ; les mouvemens des corps organisés peuvent se prolonger , tant qu'ils sont animés ; tous les corps éprouvent pendant ces momens les modifications que les corps étrangers, qu'on leur applique , doivent produire , et c'est à remarquer cette action que se borne l'expérience ; parce que cette action particulière qu'on fait naître sert à découvrir ce qu'on cherche. L'arc - en - ciel est un phénomène naturel , comme celui qu'on observe dans certaines occasions auprès des grandes chûtes d'eau , ou lorsqu'on fait évaporer l'eau à un grand feu devant un fond obscur et dans une certaine position relativement à la lumière.

L'analogie conduit à l'expérience , en faisant couclure de ce qui est dans certains cas , à ce qui peut être dans d'autres , et l'on juge la solidité de cette conclusion par des expériences. Duhamel ayant appris par l'expérience que les greffes sont faites par l'abouchement des vaisseaux , crut que la réunion des cicatrices dans les animaux devait s'opérer de la même manière ; pour le prouver il fendit circulairement à diverses reprises jusqu'à l'os toute la chair de la cuisse d'un poulet ; les plaies se soudèrent parfaitement ; ensuite après avoir tué le poulet, il injecta cette cuisse par un vaisseau supérieur à la cicatrice et la liqueur pénétra tout le systême des vaisseaux.

L'expérience est certainement un nouveau moyen pour consulter la nature ; un phénomène n'est pas connu, parce qu'on l'a étudié comme il s'offre à nous dans le cours naturel des choses : il faut le distinguer de tout autre par ses propriétés, ses modifications, et ses effets ; il faut même s'il est possible en découvrir les causes. Avant les expériences de Franklin sur l'électricité on se faisait des idées bien fausses du tonnerre.

On acquiert la connaissance des propriétés des corps, par les sens, en étudiant d'abord chaque corps ou chaque phénomène comme un individu, qu'on sépare dans ses parties pour les étudier en particulier : on sait ainsi le jeu de chacune ; si les corps sont organisés, on recherche leurs effets, ceux qui résultent de leur action réciproque, et l'on tâche de démêler, au milieu de toutes ces actions et réactions, la cause de chacune et celle du phénomène général. Il est facile de comprendre que la différente constitution des corps, la nature diverse des phénomènes indiquent les moyens les plus propres pour les analyser; mais j'en ai déjà parlé en m'occupant de l'observation.

Il n'est pas moins important de connaître les modifications d'un objet dans toutes les circonstances possibles, elles manifestent ses différens rapports avec les êtres qui peuvent en avoir avec lui, et ces rapports sont une partie essentielle de son histoire. Ces recherches sont sans doute moins difficiles que les précédentes; elles supposent moins de génie pour les entreprendre, moins de ressources pour les réaliser; mais il faut être toujours en garde contre les illusions des sens, et s'assurer que les changemens qu'on a produit sont réels. Je ne répéterai point ce que j'ai déjà dit sur ce sujet et sur les instrumens qu'on emploie, en parlant des observations, parce que je n'aurais rien à y changer.

Enfin il reste à découvrir la cause des changemens remarqués , mais en observant l'état d'un effet avant le changement produit par l'expérience, en combinant avec elle des expériences analogues à celles qui l'ont amené , et en réunissant à tout cela les idées que fourniront les connaissances qu'on peut avoir de la nature , il sera possible d'arriver à la cause de cet effet.

Dans quelques occasions l'expérience peut découvrir la cause de l'effet , comme lorsqu'on n'entend pas un carillon qu'on fait sonner sous un récipient vidé d'air ; son silence annonce la nécessité de l'air pour produire le son , puisqu'on l'aurait entendu à l'air libre ; mais quelquefois aussi l'on peut découvrir une cause sans saisir sa liaison avec son effet ; ainsi l'on assure qu'un briquet frappé contre une pierre à fusil dans le vide ne produit point d'étincelles , quoiqu'on observe les scories formées par une combustion violente ; dans ce cas et dans d'autres semblables, il doit y avoir une cause cachée qui concourt pour faire naître une partie de l'effet sans occasionner l'autre, Dans le chapitre suivant je m'occuperai plus particulièrement des moyens offerts par l'expérience pour découvrir la vérité.

CHAPITRE II.

Observations préliminaires.

On aurait pu traiter l'art de faire des expériences comme l'art d'observer : cette méthode aurait mis tout à sa place, mais si elle eût convenu à un ouvrage particulier, cela ne peut plus se faire dans un livre où les deux arts sont décrits. Il y a une foule de choses communes à tous les deux qu'il faudrait répéter et ces répétitions n'apprendraient rien de nouveau.

On s'apperçoit bientôt que le génie, les connaissances, un doute sage et réfléchi, des idées justes sur le sujet qu'on étudie, sur l'art lui même d'expérimenter, de même que sur la nature et l'usage des instrumens sont indispensables à celui qui se prépare à faire des expériences. Il ne lui est pas moins nécessaire d'être méthodique ; de savoir employer ses sens ; il doit être encore patient, attentif, pénétrant, exact comme l'observateur ; tous les deux doivent également répéter, varier, confirmer de toutes les manières leurs observations et leur expériences. Ensorte que si je suivais le même plan sur l'art de faire des expériences, je changerais seulement mes exemples. Il ne me reste donc qu'à décrire ici ce qui est particulier à ce nouvel art, à fournir quelques traits de sa logique et à les appliquer à quelques unes des branches de la physique qui ont fait le plus de progrès par son moyen.

CHAPITRE III.

Des moyens employés dans les expériences.

CELUI qui interroge la nature par des expériences, la met à la *question* pour lui arracher son secret, il lui fait parler un langage nouveau pour elle; il la gène, il la tourmente; il la contredit; elle cède enfin quelquefois à ses sollicitations, à ses tourmens; elle se dévoile, et l'on trouve le fruit des travaux qu'on a entrepris dans la vérité qu'elle est forcée de révéler.

En faisant une expérience, on cherche les rapports qu'il peut y avoir entre les circonstances où l'on place un corps et le corps lui même; afin de tirer les conséquences qu'ils offrent, pour mieux connaître ce corps, ou pour pénétrer quelques-uns des phénomènes qu'il présente , en considérant la qualité et la quantité de l'effet produit.

Il y a donc trois choses à remarquer dans une expérience , son objet , les circonstances où on le place , et l'effet qui en résulte. Ainsi dans la belle expérience de la décomposition de l'eau , on remarque l'eau mise en expérience , le fer rougi au feu , ou le combustible brulant sur lequel on l'applique , enfin le gaz hydrogène produit , et l'état où le fer se trouve , de même que le combustible qu'on peut employer. Il paraît bien que l'effet produit rentre dans l'observation des faits , et que les deux autres parties , que j'ai indiquées ici, doivent être plus particulièrement l'objet que j'ai désigné sous le nom d'expérience.

Si l'on considére le sujet de l'expérience , il me semble qu'on ne saurait le séparer du but qu'on se propose en la faisant ; ainsi , par exemple , si je veux connaître l'influence de l'air sur les animaux , tous les moyens par lesquels on peut leur ôter le contact de l'air avec eux , doivent se présenter à l'esprit; il me reste le choix entr'eux, et ce choix peut être déterminé par la facilité de leur emploi; cependant il doit toujours, autant qu'il est possible, être dirigé vers les moyens qui sont les plus sûrs; et qui rendent l'expérience sans équivoque; ainsi dans ce cas le choix de la pompe pneumatique est le meilleur, parce qu'il supprime l'air dont on veut connaître l'action, et qu'il n'introduit pas comme l'eau, ou d'autres fluides, ou un nouvel agent, dont il faudrait chercher l'influence particulière, pour la distinguer de celle que la suppression seule de l'air pourrait produire.

Il est bien sûr qu'il ne saurait y avoir beaucoup de cas simples, où il n'y aurait qu'un seul agent à considérer : les corps sont pour l'ordinaire plus ou moins composés; leurs parties ont des qualités plus ou moins différentes, ils ont par conséquent des rapports plus ou moins différents, non-seulement avec le même être, mais encore avec tous ceux qui agissent simultanément sur eux; de sorte qu'il faut découvrir tout ce qui agit pendant l'expérience, et même

quelquefois l'influence de l'opération ou de
la préparation faite au corps soumis à l'examen, tout comme celle qu'elle peut exercer sur les différens agens qu'il faut employer, et même sur les différentes parties
du corps, étrangères à celles qu'on étudie;
parce que tout cela doit réagir sur l'effet
qui sera produit. On peut en venir à bout
quelquefois en supprimant les causes agissantes et les parties des corps qui pourraient
jouer un rôle étranger à ce qu'on cherche;
mais pour l'ordinaire, on ne réussit que par
des voies détournées, en diminuant, ou en
augmentant l'action des causes soupçonnées;
la physiologie végétale et animale fournissent mille exemples de ce genre.

La méthode analytique est ainsi celle des
recherches expérimentales; leurs difficultés
consistent à saisir les ressemblances et les
différences que les moyens employés font
naître, et l'habileté de celui qui opère se
manifeste dans la sûreté des moyens qu'il
met en usage pour les rendre sensibles. S'agit-
il de faire l'analyse chimique d'un corps;
il faut par l'emploi des moyens que la chimie

mie présente, séparer les parties composantes du corps soumis à ses épreuves ;
mais il faut préférer les moyens qui produi-
ront le plus sûrement l'effet attendu , sans
employer ceux dont l'effet serait partiel ou
douteux. Je vais entrer plus particulièrement
dans l'examen de quelques moyens qui peuvent servir dans les expériences.

Ces moyens doivent varier comme les
êtres qu'on y soumet; ceux qu'on employe-
rait pour connaître un animal seraient inutiles pour pénétrer un minéral , et réciproquement. La nature du tissu , la composition
des parties , l'état des parties elles-mêmes
ne permettent pas d'espérer les mêmes rapports , et par conséquent ne font pas au-
gurer les mêmes qualités ; ce qui conduit à les étudier d'une manière particulière. On goûte les minéraux pour y
reconnaître les sels; on y cherche les odeurs
en les humectant, comme dans les pierres
argilleuses ; on leur demande souvent le
son qu'ils peuvent rendre ; on remarque
leur transparence, leurs surfaces plus ou moins
rudes ou polies, les nuances de leurs cou-

leurs ; on mesure leur dureté par les impressions que les doigts, l'ongle, les dents, le marteau, les pierres dures peuvent y laisser ; on détermine leur figure ; on les soumet à la balance hydrostatique pour connaître leur pesanteur spécifique, ou pour juger leur pureté ; on recherche leur ductilité ; on détermine leur grain après leur fracture ; on fixe leur forme ; on examine comment ces corps se rompent ; on tâche de graduer leur ténacité ; on les essaye avec le briquet, le chalumeau et l'aimant.

Si l'on étudie les animaux, il faut après avoir décrit leurs parties extérieures et intérieures, étudier leur instinct, leurs mœurs ; leurs manœuvres, leurs ruses, leurs alimens, mesurer leurs forces pour les appliquer avec utilité ; s'il s'agit des insectes, on fait plus d'attention à leur manière de vivre, à leurs parties, à leurs transformations. Il faudrait suivre l'homme dès son enfance, pénétrer la formation de ses idées, leurs liaisons, l'influence des passions sur leur développement, sur le bonheur qui en résulte ; mais on voit facilement par cette esquisse,

que chaque être peut devenir dans tous les
moments l'objet de nos recherches expérimentales ; que chaque espèce aurait besoin
d'y être soumise, et que chacune ne sera
bien connue, que lorsqu'elle aura été suivie
de cette manière dans tous les momens de
son existence.

Il y a des moyens plus généraux qui
peuvent seconder ces expériences, et augmenter les ressources d'instruction qu'elles
doivent offrir.

La VARIATION de la même expérience,
qui peut se combiner de diverses manières.
Spallanzani cherche le dégré de froid et de
chaleur que les animalcules supportent, en
les soumettant suscessivement à des degrés
de chaleur et de froid différens ; il soumit
de même diverses graines à divers degrés
de chaleur, et il remarqua que quelques
unes germèrent, quoiqu'elles eussent été exposées à une chaleur qui surpassait celle de
l'eau bouillante. Cette variation devient instructive lorsqu'on change le sujet de l'expérience : Spallanzani poursuit ses expé-

riences sur la digestion en les faisant sur les oiseaux, les quadrupèdes, les poissons, divers amphibies : il les fit encore de diverses manières, en mettant les alimens dans des tubes qu'il leur fit avaler ; ou dans des bourses de toile qui avaient plus ou moins d'enveloppes, afin de mieux juger les différences introduites dans les effets par la différence des moyens ; mais avec toutes ces modifications, il vit toujours que les sucs gastriques étaient la cause de la digestion dans tous les animaux qui furent les objets de ses expériences.

On peut produire ces variations sur le même objet par des procédés différens : ainsi quand on a senti la chaleur du soleil, on trouve qu'elle est augmentée par des verres convexes, et comme on remarque que la lumière produit cet effet, et que celle qui s'échappe des combustibles embrasés est trop faible, on en rassemble tous les rayons avec un miroir concave ; on parvient même à exciter une chaleur assez forte avec des verres plans, lorsqu'on concentre son action dans un lieu, où la chaleur produite ne peut se per-

dre: Ainsi Desaussure est parvenu à faire bouillir l'eau au soleil dans un appareil formé par
trois boëtesde verre qui s'emboëtaient les unes
dans les autres, avec une distance de deux
pouces entr'elles et sur un fond qui était
peint en noir.

Ces moyens varient encore suivant les
cas; on peut faire bouillir long-temps un
muscle qu'on veut anatomiser; mais on ne
pourrait faire bouillir de même la gélatine;
l'altération qu'elle éprouverait en changerait
les résultats.

Le PROLONGEMENT des expériences est
extrêmement important. Quand on a fait une
expérience, on a vu tout ce qu'elle offrait;
mais on ignore l'influence que doit avoir
la durée de la gêne; son effet prolongé
pourrait être fort instructif. Spallanzani a vu fon-
dre par un feu long-temps soutenu ces pierres
qu'un feu plus court et semblable n'aurait
pas altéré. J'ai observé souvent que la
lumière avait une influence marquée sur
divers corps au bout d'un temps très-long,
quoiqu'elle ne parut pas d'abord leur oc-

casionner le moindre changement. C'est ainsi
que l'on verrait la lumière, l'eau, l'air etc.
produire des effets considérables, si l'on avait
la patience de les suivre, ou si les savans
se transmettaient la suite de leurs observations et de leurs expériences.

L'EXTENSION d'une expérience n'est pas
moins instructive; elle peut dévoiler les
ressources de la nature qu'on aurait ignoré
sans elle. Quand on vit une branche de
saule pousser des racines en terre, il fallut
chercher la partie de la branche qui les produisait, et quand on eut découvert que
l'écorce seule avait cette propriété, il fallut
chercher si toutes les parties de la plante,
couvertes d'écorce, produiraient de même des
racines; on vit ainsi les branches, les ra-
meaux, les pétioles, les morceaux de feuilles s'enraciner. On s'avisa ensuite de placer
en terre le milieu d'une branche de saule,
en relevant ses deux extrémités, de manière
qu'elles fussent à l'air et l'on vit la partie
enterrée prendre des racines, et les deux
extrémités se couvrir de feuilles. Enfin l'on
imagina de planter la tête d'une plante ligneu-

se, et de mettre ses racines à l'air; alors on vit les branches se changer en racines, et les racines devenir dès branches. Quand Spallanzani eut vu les boules de verre pulvérisées dans le gésier des oiseaux gallinacés, il voulut connaître les bornes de la force triturante; il leur fit avaler des morceaux de verre à angles aigus, de grosses aiguilles implantées dans une balle de plomb, des morceaux de lancettes affilées et pointues; mais tout cela se réduisit en poussiére dans le gésier inaltérable de ces oiseaux.

L'extension qu'on donne aux expériences est relative au but qu'on se propose; les effets plus ou moins grands qu'on peut produire, ou plutôt les différens rapports des objets de l'expérience avec les corps environans peuvent en fournir les idées. Ces détails seraient infinis; il ne sera peut-être pas inutile d'en rapporter quelques exemples.

On étend une expérience, quand on éprouve sur d'autres êtres ce qu'on avait éprouvé sur l'objet de l'expérience originale.

Spallanzani ayant vu que les grains d'orge ne souffraient aucune altération dans l'estomac des poules, après un séjour de vingt quatre heures, essaya si cela arriverait de même au froment, au maïs ; à la vesce, au pois , et il eut des résultats semblables ; il répéta cette expérience sur plusieurs oiseaux gallinacés de différentes espèces qui digéraient fort bien ces graines nues , au bout de quelque temps : enfin il poussa plus loin ses expériences , en les faisant sur les autres oiseaux et sur les quadrupèdes.

On étend encore une expérience *lorsqu'on la répète dans des circonstances différentes* , parce qu'on juge leur influence sur les résultats. Pendant que Spallanzani cherchait , si les animaux digèrent après leur mort, il en fit manger immédiatement avant de les tuer : il fit avaler à d'autres des alimens d'abord après leur mort ; il les exposa à différens degrés de chaleur ; il fit même cette expérience sur des estomacs détachés du corps , et il se persuada toujours davantage, que la digestion s'opérait par le moyen des sucs gastriques.

Les expériences se varient de même *en les faisant en sens contraire* ; de sorte, qu'elles sont obligées de faire alors réciproquement leur contre - partie, et de fournir ainsi des réponses opposées comme les questions. Quand on eut vu que l'attouchement d'un corps chaud faisait monter la liqueur du thermomètre, il fallait voir l'effet produit sur lui par l'application d'un corps froid. On ne dut pas même être étonné, quand la liqueur descendit dans le premier moment de l'impression de la chaleur, et quand elle monta par la première impression du froid, parce que l'influence de la chaleur et du froid se fit sur le verre avant de se manifester sur la liqueur qu'il contenait. On découvre ainsi l'effet des actions opposées, quand on voit les miroirs concaves réfléchir la chaleur des corps brûlans, et même de ceux qui n'ont qu'une chaleur obscure ; Pictet a vu aussi la réflexion du froid par les mêmes moyens.

On peut pousser l'expérience jusqu'à la *suppression des causes soupçonnées des effets*, afin de voir s'ils sont supprimées ensemble. On reconnaît que l'air est la cause efficiente du son, parce qu'il cesse avec la suppression de l'air sous le récipient d'une pompe pneumatique. On se persuade de même la nécessité de l'air pour tirer des étincelles d'un caillou avec un briquet, parce qu'il n'y a point de scintillation dans le vide, lorsque le caillou y est frappé.

On parvient à des résultats semblables par *l'augmentation ou la diminution de la cause qui doit augmenter ou diminuer l'effet.* Ainsi l'on ne peut douter, que le poids de l'air tient le mercure en équilibre dans le baromètre, puisque sur la cime d'une montagne, où la colonne atmosphérique est plus courte, et par conséquent moins pesante que dans la plaine, le mercure baisse dans une proportion relative à la hauteur du site ; tandis que l'allongement de cette colonne dans les mines, en augmentant son poids, y élève le mercure dans une proportion relative à la profondeur du lieu. Enfin on voit le mercure monter et descendre, à mesure qu'on descend et qu'on s'élève.

On rend ces expériences utiles, en les *appliquant à quelques phénomènes dont elles peuvent fournir l'explication.* Les expériences pyrométriques instruisent sur la dilatabilité des métaux par la chaleur, et par conséquent elles montrent son influence sur les mouvemens des pendules et des montres par son action sur la longueur du pendule, et sur la force des ressorts, comme sur la gêne des engrenages; mais comme cette dilatation varie suivant les métaux, on trouve dans cette variété un moyen de faire des compensateurs qui peuvent détruire ces inégalités.

Les expériences sont souvent *indiquées par ce qu'on a pu voir*, et il y a bien des cas où l'on est naturellement conduit par les expériences faites sur les objets que la nature produit, à celles qu'on peut entreprendre sur les objets de l'art, et réciproquement. Quand on eut vu que l'atmosphère tenait en équilibre par son poids 7,57 décimètres ou 28 pouces de mercure; on comprit comment il soutenait 10,391 mètres ou 32 pieds d'eau; puisque ces hauteurs sont proportionnelles aux poids de ces deux fluides, et cette connaissance explique l'élévation de l'eau à cette hauteur dans les pompes aspirantes. Cette analogie s'établit de même entre les parties d'un art, ou même entre des arts différens; mais je ne veux pas m'occuper ici des moyens que l'expérience fournit pour perfectionner les arts.

Il faut plus d'imagination et d'adresse pour trouver les moyens de faire des expériences, que pour suivre un grand nombre d'observations. L'observateur employe ce qu'il apperçoit, et il y cherche les moyens de profiter des circonstances qui se présentent; mais quand on fait des expériences, on est forcé d'imaginer et d'employer les ressources nécessaires pour atteindre son but. Que d'essais on a fait avant Deluc pour avoir des baromètres et des thermomètres comparables. Spallanzani voulait avoir le suc gastrique des animaux pour répéter sur sa table les digestions faites dans l'estomac, et pour pouvoir en faire l'analyse chimique; il eut été cruel de massacrer quelques animaux pour en avoir quelques gouttes; ce moyen barbare l'aurait bientôt privé de ses ressources pour continuer ses expériences ; il imagina d'attacher des fils à dés éponges, qu'il faisait avaler à des corneilles, et qu'il retirait au bout de quelques temps pour les leur faire avaler de nouveau, quand il en avait exprimé le suc , dont elles s'étaient remplies. Il fit mieux ensuite ; il s'apperçut que les oiseaux de proye vomissaient les alimens, qu'ils n'avaient pas pu digérer, avec beaucoup de suc gastrique, et qu'ils restaient toujours perchés à la même place pendant leur digestion , il mit un plat sous ces oiseaux, et il y reçut sans peine le suc gastrique qu'il voulait avoir.

Les plus petits faits sont souvent des problèmes embarrassans , qui exigent une longue suite d'expériences pour les comprendre. Priestley avait observé, que les vessies pleines de gaz nitreux flottant sur l'eau de sa cuve, perdaient peu-à-peu ce gaz, quoiqu'elles fussent bien fermées, et qu'elles ne contenaient enfin que du gaz azote ; il cherche la cause de cette diminution dans les vessies ; il en remplit une de gaz nitreux , il la place dans un récipient plein de ce gaz , et il n'y eut point de diminution ; il couvrit d'eau une autre vessie semblable , elle ne souffrit aucun changement : les vessies altéraient-elles donc ce gaz lorsqu'elles étaient en contact avec l'air commun ; il laisse une vessie disposée de la même manière, que les précédentes , mais dont le col était ouvert , flottant sur l'eau ; le gaz s'y altéra aussi vîte que dans une vessie fermée, mais il observa encore que le gaz nitreux se conservait bien dans la vessie fermée, lorsquelle était séche ; ce qui lui fit conclure , que l'air commun entrait dans la vessie par la partie humide qui se séchait, ou réciproquement. Il observa enfin qu'une vessie pleine de gaz nitreux humectée deux ou trois fois par jour dans un de ses côtés se fronçait, que le gaz y diminuait, qu'il n'y restait que du gaz azote, et que l'eau s'acidulait ; ce qui démontrait la sortie du gaz hors de la vessie , et sa combinaison avec le gaz oxygène de l'air pour former l'acide nitreux.

Comment imaginer des expériences dans un sujet qu'on commence à étudier ? Certainement cela serait impossible, si l'on ne se formait pas sur la matière quelques idées vraies ou hypothétiques, pour donner naissance aux questions qu'on veut faire à la nature par la voie de l'expérience. Deluc observait un baromètre sur la montagne, tandis qu'on en observait un semblable dans la plaine; ils varièrent dans un sens opposé; comme le ciel n'était pas parfaitement serein, il croit y trouver la cause d'un abaissement, qui n'est pas en général bien active quand le baromètre commence à descendre, et qui pourrait influer alors davantage sur une colonne de l'atmosphère que sur d'autres. Pour éclaircir cette opinion, il voulut observer le baromètre sur la montagne pendant tout un jour, où le mercure lui paroissait devoir être stationnaire, et dans un autre, où il lui semblait avoir du penchant pour monter, ou pour descendre, tandis qu'on l'observerait dans la plaine; il trouva bientôt l'erreur de son hypothèse, et les observations collaterales du thermomètre lui apprirent l'influence de la chaleur sur cet effet.

Il serait donc nécessaire de donner quelques règles sur la manière de faire les expériences ; mais elles doivent se multiplier, comme les cas qui se présentent : cependant je renvoie à ce que je dirai encore sur ce sujet, en traitant des expériences chimiques, où j'aurai l'occasion de rappeller quelques unes des remarques que je vais proposer.

Il est toujours important de chercher les contraires de la cause qu'on soupçonne pour s'assurer de sa réalité. Desaussure cherchait les propriétés hygrométriques du cheveu ; il prouva sa dilatation par l'humidité, en montrant que le cheveu se contractait dans un lieu bien desséché par le moyen de l'alkali caustique et de la chaleur d'une plaque de tôle, sur laquelle cet alkali avait souffert l'action du feu : l'observation du dernier effet prouvait la vérité du premier, et chacune de ces expériences devenait la preuve justificative de l'autre.

Il faut autant qu'il est possible découvrir les limites des effets produits par les causes qu'on a découvertes ; elles doivent en avoir, puisque la cause ne saurait être infinie.

Desaussure

Desaussure emploie dans ce but tous les moyens pour dilater et contracter le cheveu autant qu'il est possible; il cherche combien d'eau l'air peut tenir dissoute, dans ses différentes circonstances de chaleur et de densité.

Les expériences inspirent le plus grand intérêt possible, lorsqu'elles déterminent les lois de la nature, soit en leur donnant toute leur extension, soit en les restreignant dans leurs vraies limites. Desaussure par ses expériences avec le chalumeau prolonge beaucoup le thermomètre de Wedgwood, en trouvant dans les filets du sappare un foyer parfaitement réfractaire, et en augmentant les moyens de mesurer l'activité du feu par la diminution du diamètre des corps soumis à son action. L'heureuse combinaison des verres achromatiques a beaucoup étendu la portée des lunettes.

Enfin, il importe sur-tout de s'occuper de la décomposition des causes; lorsqu'il y en a plusieurs qui concourent pour la production d'un effet. Afin d'estimer les variations du baromètre avec précision, il faut séparer l'action du poids de l'air, de l'influence de la chaleur pour dilater le mercure, de l'attraction que le verre exerce sur lui, de la différente pression de l'air occasionnée par l'élasticité que la chaleur et le poids font varier. On ne connaît les effets avec exactitude, que lorsqu'on estime avec rigueur l'action des causes qui les amènent.

L'analogie peut être un bon guide pour diriger les expériences, lorsqu'elle est employée avec précaution. Haller a trouvé avec raison que les lois de l'hydraulique ne peuvent s'appliquer à l'économie animale, quand l'expérience ne les confirme pas, ou quand elle ne permet pas de le croire ; il remarque bien que s'il y avait du ralentissement dans le mouvement du sang, qui circule dans les dernières ramifications des artères, il n'y en a pas autant qu'on aurait pu l'attendre des causes retardatrices.

La difficulté de bien faire une expérience, doit être diminuée par l'emploi des moyens

les plus propres pour rendre l'exécution de
celle-ci la plus commode et la plus sûre.
Spallanzani étudiait le moment de la naissance des animalcules dans des vases hermétiquement fermés , plus ou moins grands ,
et plus ou moins pleins d'air ; il aurait été
incommode et difficile de rompre le sceau
hermétique à chaque observation , parce
que l'expérience aurait été dérangée. Cet
adroit naturaliste imagina de disposer une
partie du vase près de l'endroit où le tube
tiré au chalumeau devait le fermer à la
lampe ; de manière qu'il fut extrêmement
mince , et qu'on put y observer avec une
lentille le fluide qu'on y faisait couler , afin
de remarquer s'il y naissait des animaux.

L'exactitude dans les expériences est toujours indispensable ; mais elle est souvent
très-difficile à obtenir ; les moyens qu'on
emploie offrent une foule d'obstacles , pour
expérimenter avec précision. Crawford a déterminé la chaleur spécifique de différens
corps par leur mélange avec l'eau ; mais
pour avoir des résultats un peu sûrs , il
faut estimer scrupuleusement la chaleur spé-

cifique du vase, et ôter du produit de l'expérience l'effet que cette chaleur peut y produire ; cependant malgré cette attention , le mélange du corps avec l'eau se fait souvent difficilement, et les répartitions de la chaleur ne sont pas uniformes ; une partie de cette chaleur se communique à l'air et aux corps environnans; on ne doit opérer dans ces expériences que sur des corps qui n'agissent pas chimiquement les uns sur les autres , autrement on s'exposerait à des compensations et à des erreurs de calculs inévitables , sur-tout quand les vaisseaux où l'on fait les expériences ne sont pas très-grands. La Place et Lavoisier ont imaginé une méthode plus exacte , ayant éprouvé que 489,136 grammes ou une livre d'eau à 60 degrés de chaleur, mêlée avec le même poids de glace, donnait 978,272 grammes ou deux livres d'eau à 0, ils ont regardé l'effet produit par ce mélange , comme l'unité de l'échelle de comparaison entre l'effet produit sur la glace par l'eau, et l'effet produit sur la glace par d'autres substances ; alors quand on mêlera avec la glace 489,136 grammes ou une livre d'une substance qui réduit la glace en eau, après avoir été d'abord élevée à 60 degrés de chaleur, et qui prend ensuite elle-même la température de la glace à zéro; on dira que cette substance a une chaleur spécifique semblable à celle de l'eau; mais si elle ne produit que la moitié de l'effet, on saura que cette chaleur spécifique est à celle de l'eau comme 0, 5, 1.

Pour faire ces expériences plus exactement, ces physiciens ont imaginé une machine construite de manière qu'on y remplit un intervalle de glace pilée qu'on enferme par un réseau qui laisse couler l'eau fondue, et par une plaque de tôle; cet intervalle doit avoir à peu près la forme d'un cylindre évasé par le bas. Entre cette plaque de tôle et une autre plus extérieure, il y a un autre intervalle, également rempli de glace, pour maintenir la température à zéro. Cette machine est le *calorimètre*. Dans la capacité intérieure, on place les corps élevés à une température déterminée, où ils se refroidissent à zéro, et la quantité de la glace qui se fond pour les amener à cette température, sert à mesurer la chaleur spécifique du corps qui produit cette fusion. La glace de l'intérieur doit être humectée avant l'expérience, afin que l'eau qu'elle doit retenir à la fin n'induise pas en erreur.

L'attention est indispensable dans tous les momens de l'expérience ; les faits qu'on observe sont de notre création ; ils ne peuvent être attendus, quand l'expérience est nouvelle, et ils ne sauraient toujours être rappelés, quand on veut les revoir : de sorte qu'il est nécessaire de les observer avec soin dans tous leurs détails ; d'autant plus, que chaque partie d'une expérience a ses rapports directs avec le but qu'on se propose. C'est parce que l'on n'a pas considéré assez attentivement les phénomènes présentés par les pointes dans les expériences électriques , qu'on a mis en doute leur influence pour soutirer le fluide électrique, et sa supériorité sur celle des corps arrondis ; au moins quand on en suit les effets, il me semble qu'on voit clairement la théorie s'accorder avec l'expérience.

Cette attention portée sur toutes les parties d'un fait, prévient les conséquences précipitées et souvent trompeuses qu'on tire d'une observation irréfléchie, et les erreurs qui l'accompagnent. Un mouton avait gardé long-temps dans son estomac des tubes pleins d'herbes entières sans les digérer ; au premier coup d'œil on pouvait croire, que le suc gastrique de ces animaux était moins efficace, ou que la trituration seule opérait la digestion. Spallanzani, en considérant ce phénomène, remarque bientôt que la rumination divise les herbes mangées par ces animaux, et que leur division favorise l'action du suc gastrique : aussi dès qu'il eut mâché les herbes qu'il renferma dans les tubes avalés par les moutons, elles furent parfaitement digérées. Sans cette remarque ingénieuse, Spallanzani aurait erré autour de la vérité, et il se serait trompé avec des expériences qui ne lui auraient servi qu'à fonder une erreur.

Cette attention saisit ainsi toutes les circonstances des faits observés, et elle en profite pour mieux faire connaître les détails des phénomènes. Deluc vit bientôt, que l'eau në bouillait pas toujours dans la plaine au même degré de chaleur ; il s'était déjà apperçu, que le degré de chaleur nécessaire pour faire bouillir l'eau sur la cime des montagnes était moindre que celle qui était nécessaire pour la faire bouillir à leurs pieds ; et il en conclut, que l'ébullition exige un degré de chaleur différent, suivant la hauteur du baromètre. Blagden a observé de même, que l'eau pure et agitée se gèle plus vîte que cellé qui est mêlée avec d'autres corps, et qui est en repos. Ces deux suites d'expériences ont contribué à déterminer avec plus de précision les points fixes du thermomètre.

Il n'y a rien d'indifférent dans les recherches qu'on fait sur les objets inconnus. Lorsqu'on fit l'expériencè de la bouteille de Leyde , on dût être étonné de la nécessité d'armer intérieurement et extérieurement cette bouteille avec un corps conducteur de l'électricité : de manière que le verre rompît toute communication entre ces deux surfaces conductrices ; mais d'un autre côté, on dut être également surpris,

quand on voyait la bouteille chargée d'é-
lectricité se décharger aussitôt qu'on éta-
blissait une communication entre les deux
surfaces conductrices du vase. Ces faits singuliers signalaient quelque chose de capital.
Franklin les fixe avec attention, et il s'apperçoit que les deux surfaces n'avaient pas la
même électricité, ou plutôt il démontre que
l'une des surfaces est surchargée de toute
l'électricité que l'autre a perdue ; et il en
conclut encore par l'expérience, que le choc
était produit par le rétablissement de l'équilibre, que le corps conducteur amène en
touchant en même temps les deux surfaces,
et qu'il est l'effet du passage rapide du
fluide électrique, hors de la surface, où il
surabonde, pour se précipiter sur celle qui
en a une quantité moindre, comme il le
démontre par les preuves les plus solides.

L'attention développe souvent son énergie
dans les différences qu'elle observe entre
plusieurs expériences semblables , qui lui
fournissent les moyens de les expliquer, et
de répandre la lumière sur toutes. Spallanzani vit un coq-d'Inde digérer dans deux

jours quelques morceaux de viande renfermés dans des tubes , et il en fallut quatre
à un autre coq-d'Inde , pour digérer un
morceau semblable qui était nu ; mais la
viande du premier étant réduite en petits
fragmens, offrait plus de surface à l'action
du suc gastrique que le morceau entier ; il
fallait remarquer cette différence pour rac-
corder les résultats.

L'attention saisit les rapports des objets,
et quand elle apperçoit entr'eux des différences , elle en pénètre les raisons. Pourquoi
l'iris des yeux se dilate-t-il et se resserre-t-il
si fort dans quelques animaux, tandis que
ces dilatations et ces contractions sont si petites dans d'autres ? La manière de vivre des
animaux explique bientôt ce secret. Ceux
qui sont forcés de voir la nuit , de rassembler pour chasser les rayons épars de la lumière,
jouissent de cet avantage , qui manque à
ceux auxquels il serait inutile , s'il ne leur
était pas préjudiciable.

J'ai eu souvent l'occasion de remarquer la
difficulté de découvrir la cause des phéno-

mènes, lorsqu'on néglige de rechercher leurs ressemblances et leurs différences, qui offrent non-seulement les moyens de les distinguer, mais encore une ressource efficace pour en donner une bonne explication; cependant il arrive communément, qu'étant entraîné par son imagination, on se plaît à créer sans nécessité des êtres nouveaux, et l'on aime quelquefois mieux expliquer la nature avec les êtres qu'on invente, qu'à la trouver dans les faits qu'elle place sous nos sens. C'est ainsi que les phénomènes offerts, parce qu'on appelle le *galvanisme*, ont été attribués à mille causes, dont il était impossible de se rendre raison, ou qui ne pouvaient expliquer qu'en partie les effets observés. C'est ainsi que les uns y ont cru voir une électricité animale différente de l'électricité que nos appareils mettent sous nos sens; les autres y ont soupçonné une opération purement chimique; il y en a eu qui s'approchaient davantage de la vérité, et qui ont avancé, que l'électricité était seulement modifiée dans les cas où l'on observait ces singuliers effets. Alexandre Volta, ce célèbre électricien, qui a fait faire plus de progrès à cette partie de la physique, que tous ceux qui l'ont dévancé, par le nombre et l'importance de ses découvertes, est parvenu à démontrer que tous les phénomènes appelés galvaniques, sont à tous égards les mêmes que ceux de l'électricité artificielle et atmosphérique; puisque son appareil d'électricité *métallique*, qu'on me pardonne ce mot pour supprimer celui de colonne et de pile qui me paraissent si impropres, donne évidemment des signes d'électricité positive et négative par le moyen de l'électromètre; puisque cet appareil charge une bouteille de Leyde, et même une batterie quelques grandes qu'elles soient dans un temps bien plus petit qu'une seconde, et puisqu'il fait éprouver la commotion; mais l'on sait qu'on est parvenu à faire naître avec l'électricité artificielle les phénomènes qui paraissaient d'abord particuliers à cet appareil, puisqu'on a réussi à produire par son moyen la saveur qu'il fait éprouver, l'éclair qu'il fait voir, la décomposition de l'eau qu'il opère et la combustion. Ce n'était point encore assez pour Volta d'avoir placé sous les sens toutes ces fortes analogies, comme il me

les a fait voir ; il démontre encore que
l'on ne peut attribuer les phénomènes appelés galvaniques à quelque action chimique,
puisqu'il prouve par l'expérience que le
simple contact des métaux différens présente
les mêmes effets, que lorsqu'on y joint le contact interposé des conducteurs humides ;
ces effets s'accroissent d'une manière rigoureusement proportionnelle au nombre des
couples de métaux mis ensemble. Il augmente encore la force de ces preuves par
de nouvelles expériences qui dissipent tous
les doutes, puisqu'il fait voir qu'il n'y a pas
une augmentation d'électricité en employant
les conducteurs humides salins ou non salins, lorsqu'il les interpose entre les couples des métaux en contact, parce que les
conducteurs humides et salins ne font autre
chose que rendre plus difficile le passage
de l'électricité, puisqu'ils en sont de plus
mauvais conducteurs ; aussi il n'y a pas d'autre
différence que l'augmentation de la tension
du fluide occasionnée par la difficulté plus
grande que des passages plus difficiles lui
offrent pour les traverser. Enfin, les belles
expériences de Volta, pour établir la per-

manence et la quantité du fluide électrique produit par son appareil, montrent claire- ment que cette permanence et cette quan- tité de fluide électrique sont bien supérieures à celles qu'on rend sensibles par nos ma- chines : ce qui me fait concevoir comment l'eau se décompose plus aisément par le moyen de cet appareil que par celui de nos machines anciennes, et alors il n'y a au- cune difficulté pour comprendre l'oxidation des métaux mis en contact avec ces conduc- teurs humides, dont l'oxygène naissant de l'eau décomposée doit nécessairement amener cette oxidation. De même il n'y a ici d'autre diffé- rence entre les conducteurs purement humides et les salins, que la diminution de la ten- sion du fluide électrique qui est produite dans ceux-ci par l'aisance plus grande que le fluide trouve à les traverser, parce qu'ils en sont meilleurs conducteurs que l'eau pure, comme on le prouve directement ; aussi les quantités d'électricité montrées dans les deux cas par le moyen du condensateur et de l'é- lectromètre sont rigoureusement égales.

Les expériences fournissent les moyens de

mieux sentir la vérité des découvertes qu'on peut faire, en permettant de juger les effets des causes dans leurs *extrêmes*, lorsqu'on peut les produire ; alors en les rendant plus sensibles, on les rend plus évidens. C'est dans les extrêmes de la condensation et de la dilatation des liquides, que Deluc a cherché à démêler les causes particulières auxquelles elles obéissent dans leur marche intermédiaire, parce que dans ces extrêmes les effets des causes concourantes dépassant ceux de la cause principale, peuvent être plus sûrement démêlés.

Les circonstances doivent être considérées dans les expériences ; elles ne sont pas toutes également favorables, lorsqu'on les fait sur les plantes ou les animaux ; il faut, par exemple, choisir les plantes et les animaux dans le moment de leur plus grande vigueur ; distinguer ceux où ils sont dans un état d'épuisement, de maladie, ou de santé.

La durée du temps de l'expérience n'est point indifférente ; un effet qui n'a pu se produire dans un jour, peut se produire dans un mois, dans une année avec la même cause. Spallanzani opère par le moyen du feu des changemens sur quelques pierres, au bout d'un temps très-prolongé , qu'il n'aurait pas produit pendant an temps plus court. Je ne doute pas que la lumière, l'électricité, le gaz oxygène , les gaz azote , hydrogène , acide carbonique , l'eau , etc, n'amènent après des siècles des modifications , dont notre vie éphémère ne nous permet d'avoir aucune idée.

Il faudrait profiter du temps où l'on s'occupe d'un objet pour faire toutes les expériences qu'il paraît solliciter ; si on le laisse passer, mille idées accessoires et importantes qu'on avait eues s'effacent ; cependant ces idées étaient nécessaires pour ramener à la vérité. Le choc de la bouteille de Leyde découvert par Muschembroeck est devenu stérile entre ses mains, parce qu'il abandonna ce phénomène après l'avoir trouvé, et Franklin qui s'en est saisi long-temps après a développé les germes de ses belles découvertes. Si Desaussure avait suivi ses idées sur l'hygrométrie , il aurait trouvé tout ce que

que ce bel ouvrage permet d'espérer à ceux qui suivront la même carrière.

Quand les expériences sont bien imaginées sur un sujet donné, et quand elles sont faites avec exactitude et avec discernement, elles sont pour l'ordinaire décisives; parce qu'elles doivent alors remplir leur but: tel est au moins le caractère des expériences inspirées, dirigées et exécutées par le génie; telles sont en particulier les expériences de Newton sur la lumière; mais comme les *moyens* employés dans cet art difficile varient avec les objets, j'ai cru important de varier les exemples des expériences, qui doivent servir de modèle à toutes les autres.

Spallanzani recherchait, si le froid qui agit sur les animaux pour les tuer ou les endormir, exerce son action sur les solides ou les fluides; il savait par des expériences ingénieuses sur les grenouilles, que ces animaux voyaient, nageaient quoiqu'ils fussent privés de tout leur sang; aussi après les avoir soumis à cette opération, il les mit dans la neige avec d'autres grenouilles par-

faitement saines, elles y perdirent toutes leur mouvement ; ce qui prouverait que le froid agit sur les muscles, dont il détruit peut-être l'irritabilité ; mais il n'agit pas sur le sang, puisque des grenouilles qui en fu- rent privées, ont été affectées par le froid comme celles où le sang circulait ; et puis- qu'elles se mirent toutes à nager également, quand elles furent réchauffées.

Les succès des fécondations artificielles dans les végétaux, établissent leur sexualis- me et confirment la préexistence des germes à la fécondation, que les observations mi- croscopiques des fleurs avant leur floraison avaient démontrées ; de même les féconda- tions artificielles des œufs, ou plutôt des têtards de grenouille, de crapaud, et de salamandre ont fait voir à Spallanzani, que ces têtards étaient les animaux eux mêmes existans avant d'être fécondés.

Fontana de Florence prouve que la liqueur véhéneuse des vipères sort du trou de deux dents, par la description des deux ouvertures qu'on y voit, dont l'extérieure

est à la pointe, et l'intérieure à la base ;
il montre cette liqueur sortant par le trou
inférieur, quand il presse la gencive ; il fait
voir qu'il ne sort plus de liqueur, quand
une des ouvertures est fermée avec la cire ;
il fait passer un poil pour suivre le canal
qui sépare les deux trous ; enfin il recueille
la liqueur redoutable, que la compression
fit sortir des vésicules placées à la racine
de ces dents.

On avait mis en doute l'existence des
vapeurs vésiculaires. Desaussure avec une
loupe les fait voir sortant du liquide
échauffé ; pourvu que ce liquide soit noir,
fort chaud, et qu'on soit exposé au grand
jour et hors du courant des vapeurs ; la légé-
reté des sphérules qui composent la fumée,
leur blancheur, leurs apparences différentes
de celles des globules solides, leur parfaite ressemblance avec les bulles qui nagent
à la surface du liquide ne laissent aucun
doute sur leur nature vaporeuse.

Ce sont les expériences faites avec le chalumeau qui apprirent au même observateur

les moyens d'avoir dans les filets du sappare un support réfractaire à la violence de
ce feu, et qui lui firent trouver dans la
diminution du volume des fragmens exposés à la violence de ce feu une mesure
pyrométrique pour ces hautes températures.

Goodwin, pour montrer l'action de l'air
sur le sang, et la cause de la couleur
rouge du sang contenu dans le tronc de
la veine pulmonaire, tandis qu'il est noir
dans les artères du poumon, ouvrit le ster-
num de plusieurs chiens, mit à nud l'artère et la veine pulmonaire pour y voir la
couleur du sang; il entretenait la vie de
ces animaux en leur soufflant de l'air avec
le soufflet de Vésale, et il observa que
le sang était noir dans le tronc de l'artère,
pendant qu'il soufflait, et le sang rouge
dans le tronc de la veine; mais quand il
cessait de souffler pendant une minute,
le sang devenait graduellement noir dans
le tronc de la veine pulmonaire comme
dans celui de l'artère.

Pour donner aux expériences la plus

grande solidité il faut se rapprocher de la nature, autant qu'il est possible, en les faisant de la manière qui se rapprochera le plus des procédés que la nature emploie pour la production du phénomène ; parce qu'elle montrera le mieux, ce que la nature doit opérer. C'est ainsi qu'on cherche dans les fortes explosions des machines électriques les effets de la foudre. C'est ainsi qu'on découvre dans les pointes des conducteurs, qui soutirent le fluide électrique des corps où il abonde, un moyen, de préserver les bâtimens du tonnerre ; en jugeant le grand par le petit, on ne se trompe guères sur ce sujet, parce qu'on y remarque toujours des rappors frappans entre les circonstances les plus petites.

Il arrive quelquefois, que la répétition des expériences fournit des résultats différens ; mais ces différences ne doivent pas surprendre, parce que les instrumens qu'on emploie n'étant pas les mêmes, les résultats qu'on obtient doivent aussi différer. Buffon avec son microscope composé n'a pu distinguer ce que Spallanzani voyait avec une forte lentille, et le premier a cru voir ce que le second a démontré qu'il était impossible d'observer. Il a par exemple prouvé que les vers spermatiques de la liqueur séminale qui périssent quelques heures après avoir été exposés à l'action de l'air sont bien différens des animalcules d'infusion, qui naissent dans la liqueur séminale lorsqu'elle est corrompue.

La confiance des observateurs dans leurs méthodes les fait toujours observer de même, et leur donne les mêmes résultats. Les astronomes ont remarqué souvent l'influence de leurs méthodes sur les observations. Ceux qui se sont souvent servi du microscope ont bien vu que la différente manière d'éclairer les objets changeait beaucoup leurs apparences, et qu'il n'est pas indifférent de se servir d'une lentille seule ou du microscope composé.

Le penchant qu'on a pour l'imitation, empêche souvent de corriger les erreurs; une certaine inertie fait croire solides les expériences de ceux qu'on estime, et l'on se trompe avec eux, parce qu'on ne doute pas de la vérité de ce qu'ils disent avoir expérimenté ; ainsi divers physiciens ont vu avec Nollet l'électricité traverser le verre, et ont distingué deux fluides particuliers, malgré les expériences décisives de Franklin.

Il faudrait presque ajouter à cela l'esprit de parti formé par les contradictions : le désir de voir d'une certaine manière fait voir précisément ce qu'on souhaite, et l'illusion est telle qu'on voit pécisément, comme on veut voir. Il y a mille exemples de ce sophisme de nos sens, et les hommes les plus savants, ceux qui ont fait le plus d'expériences ne sont pas exempts de ce défaut : c'est sans doute cette manière de voir dépendante, jusqu'à un certain point de la manière de raisonner, qui a empêché Priestley de voir la décomposition de l'eau qu'il a paru un moment si près d'adopter.

On ne doit pourtant pas imaginer qu'une expérience répétée soit fausse, parce qu'elle n'a pas réussi ; j'avoue que je ne saurais conclure qu'elle n'a pas été faite par ceux qui la racontent; parce que je n'aurais pas su la répéter comme eux ; les circonstances qui varient font varier les résultats, et il n'y a rien de plus commun, que d'être trompé rélativement à ce qu'on croit la même circonstance. Les expériences de Newton sur la lumière ont été longtemps regardées comme fausses, parce qu'on employait de mauvais prismes en les répétant. Il faut pourtant reconnaître que si l'on répète mille fois une expérience contestée de mille manières, sans réussir; sa probabilité diminue dans cette proportion.

Enfin une mauvaise expérience ne prouve rien contre la conclusion qu'elle aurait dû fournir; il faut seulement chercher la cause de cette anomalie ; Spallanzani faisait ses expériences sur la digestion avec un duc qui ne digérait pas les alimens qu'il avalait; notre ingénieux observateur en trouva la cause dans la vieillesse de cet oiseau , et une maladie qui le fit périr quelques jours après ; de jeunes oiseaux de cette espèce digérèrent les alimens que l'autre n'avait pu digérer.

On se tromperait souvent, en concluant du petit au grand; on jugerait mal la fermentation produite sur une petite masse, d'après celle qui s'opère sur une plus grande. Les expériences faites sur l'air dans des vases fermés instruisent mal sur les phénomènes produits par l'air abandonné à lui même. Les rapports des corps qui agissent les uns sur les autres se modifient souvent d'une manière différente suivant les circonstances; mais quand on ne connaît rien sur un objet, cette méthode de commencer ses recherches est souvent instructive ; elle jette les premiers rayons de lumière dans l'obscurité; elle donne des idées, elle ouvre la route ; cependant cette méthode serait insuffisante, parce qu'elle est trop indirecte, quand il s'agirait de démontrer ce qu'on a trouvé, ou de perfectionner ce qu'on entrevoit. Lorsque Desaussure eut fait ses expériences hygrométriques dans des vases clos; lorsqu'il eut déterminé la nature des vapeurs et leur influence, il chercha dans l'atmosphère elle-même, ce qu'il avait observé sous ses récipiens.

Les expériences n'apprennent pas toujours tout ce qu'on pourrait dabord en attendre, soit parce qu'on exige souvent trop de ce qu'elles offrent aux sens, soit parce qu'il n'est pas toujours possible de les faire avec précision. Quand on vit le mercure du baromètre baisser à mesure qu'on montait, on cru qu'en cherchant les rapports de ces deux changemens, on conclurait l'un des deux par la connaissance de l'autre; mais Pascal qui fit ce premier essai vit bien d'abord l'impossibilité de réussir, par les obstacles qu'opposeraient les variations continuelles de la chaleur et de l'élasticité de l'air. La régularité du rapport entre la cause et l'effet doit donner de la confiance; aussi l'on ne doute pas que la diminution du poids de la colonne d'air soit la cause de la chute du mercure dans le baromètre, puisque la colonne en s'accourcissant devient plus légére; cependant si l'on remarque clairement ce rapport, si l'on remarque toutes les conditions qui se combinent avec lui, on ne saurait encore le mesurer avec une parfaite exactitude.

En faisant des expériences on répète celles des autres, ou bien on en imagine des nouvelles. Les premières ne sauraient être certaines pour ceux qui ne les ont pas exécutées ; car il faudrait admettre qu'elles ont été bien faites ; qu'elles ne donnent lieu à aucune erreur, qu'on pourrait éviter, et qu'elles sont décrites avec exactitude ; à cet égard on peut distinguer entre la rélation d'un physicien bien connu, et celle d'un homme qui cite seulement l'expérience racontée ; cependant dans les deux cas le récit peut être altéré par les préjugés ; mais on peut compter davantage sur celui de l'auteur qui en doit être le garant.

La répétition des expériences sera toujours très-utile, parce qu'elle constate leur vérité, mais elle peut le devenir encore davantage, en montrant quelquefois des choses qui peuvent avoir échappé aux auteurs de l'expérience. On n'est pas toujours entrainé par les mêmes motifs ; on n'a pas toujours les mêmes idées ; aussi l'on apperçoit quelquefois ce que les autres n'auraient pas pensé à chercher, parce que leur esprit ne les portait pas à ces recherches ; ou peut-être parce qu'ils n'auraient pas voulu le voir. C'est en répétant les expériences de Hales pour découvrir l'air contenu dans différentes substances, que Priestley reconnut les gaz hydrogène et nitreux, qu'il parvint à former le gaz oxygène, et qu'il s'ouvrit la belle carrière qu'il a si glorieusement parcourue.

Il y a plusieurs expériences contestées qui jetent dans l'incertitude sur les résultats qu'on peut en tirer ; il serait à souhaiter qu'on eut une pierre de touche pour décider quelles sont celles qui méritent la confiance. On sait que les belles expériences de Newton sur la lumière ont paru quelque temps douteuses ; parce qu'on ne savait pas les répéter, et parce qu'on manquait de bons instrumens pour les faire. Aussi pour prendre un parti dans un cas de cette nature, il faut se résoudre à répéter avec soin les expériences déjà faites et celles qui leur sont contraires ; peser avec scrupule les résultats, et tenter des expériences nouvelles, qui seraient les conséquences de

celles-là ; soit en changeant de méthode ,
soit en forçant ou diminuant les causes
agissantes ; soit en changeant les circonstances ; alors si l'on est de bonne foi ,
ou plutôt sans préjugés ; il est bien difficile
que la vérité ne se fasse pas connaître.
Spallanzani démontre que les expériences
de Buffon , sur les vers spermatiques, sont
trompeuses 1.° parce que ces vers périssent
aussitôt qu'ils sont exposés à l'air , tandis
que cet illustre naturaliste devait les avoir
vu pendant huit jours après leur séjour à
l'air. 2.° parce que Spallanzani fait voir les
cadavres des vers à côté des animalcules
vivans que Buffon prenait pour eux. 3.°
parce que le premier prouve que ces animalcules sont des animalcules d'infusions
qu'il a vu naître , et se succéder dans la
liqueur , où les vers spermatiques nagèrent
un moment.

Cette répétition a encore d'autres usages;
on peut espérer des variations dans les résultats propres à dévoiler ce qu'on cherche,
ou à déchiffrer la vérité mal exprimée ,
ou changée , ou soupçonnée dans les pre-

mieres qu'on a faites. La négligence de Ned-
ham lui fit croire, que la chaleur à laquelle
on soumettait les matières infusées dans l'eau
devait en proscrire les animalcules. Spallanzani en vit paraître dans des infusions faites
avec les graines qui avaient souffert l'action
d'un feu de réverbère.

Il faut sans doute avoir du génie pour
varier les expériences qu'on suit , pour les
rendre claires et précises. On s'était fait des
idées opposées sur le venin de la vipère,
les uns le croyaient acide ; les autres alkalin , les autres neutre. Fontana occupé
de ce sujet difficile examine le poison
sous ces divers points de vue, et il trouve
qu'il est d'une liqueur neutralisée ; il découvre même le spécifique propre à adoucir le
mal causé par ce venin ; mais il fallait s'assurer avant de l'état de l'animal par la morsure qu'il avait reçue : il pouvait être mordu
une fois ou plusieurs , à une seule partie ,
ou à deux, trois ou quatre, ce qui varie
la maladie et ses effets. Il a remarqué de
cette manière, que la grosseur des vipères,
leur irritation, la durée de la morsure hâ-

taient la mort, ou aggravaient les symp-
tômes des animaux mordus; c'est aussi après
toutes ces recherches, qu'il a découvert que
la pierre à cautère devenait l'antidote le
plus puissant contre cet accident.

Mais quand on a mis les faits sous les sens,
quand on a fidèlement raconté ce qu'on
croit avoir bien vu ; quand on a répété
sans partialité les expériences qui se contredisent; on est suffisamment instruit pour
juger le degré de probabilité qu'on doit
leur donner. Je ne sais si je me trompe
mais je crois qu'il serait bien utile d'établir des sociétés uniquement destinées à
répéter les expériences contestées sur les
objets dont les arts et les sciences s'occupent.

Ce qui rend sur-tout un sujet intéressant, et ce qui fait espérer, qu'il est traité
avec solidité; c'est lorsqu'il offre une suite
d'idées et d'expériences préparées et dirigées pour l'explication d'un phénomène ; on
aime considérer un fait analysé avec soin ;
examiné avec attention, interrogé avec sa-

gacité, et forcé à répondre d'une manière instructive. Tel est Duhamel s'occupant de l'accroissement des arbres. Comment se fait-il ? Est ce du dehors en dedans, ou du dedans en dehors ? Il voit l'écorce se souder à l'écorce, l'écorce enlevée se reproduire; mais cela ne lui apprend rien; il imagine d'enlever un lambeau d'écorce, et de placer une feuille d'étain entre l'écorce et le bois; alors si l'accroissement se fait du côté du bois, la feuille d'étain sera repoussée; et si l'accroissement se fait du côté de l'écorce, la feuille d'étain se recouvrira avec le bois que le lambeau d'écorce appliquée sur la plaie formera; c'est précisément ce dernier cas qu'on observe. Le même naturaliste imagina de planter des fils d'argent, de manière qu'il y en eut qui pénétrassent seulement dans une partie de l'écorce, d'autres qui s'y enfonçassent davantage; d'autres enfin qui entrassent dans le bois. Les premiers fils furent repoussés avec l'écorce, mais les deux autres s'enfoncèrent dans le bois et se recouvrirent au bout d'un certain temps par leur partie extérieure. Enfin il fit une plaie à un arbre qu'il recouvrit avec un

morceau

morceau de verre courbé; et il vit l'écorce
se former par le moyen d'une gelée qui
s'échappait par les bords de la plaie. On trouvera la même logique dans les recherches
de ce grand homme sur les racines, la greffe,
la direction des tiges etc.

Il faut avoir cette suite dans les idées
pour la mettre dans les expériences, et c'est
seulement cette suite dans les idées qui
conduit sûrement à la vérité. Spallanzani
voyait les animalcules d'infusion se multiplier dans ses récipiens, il en vit qui se
multipliaient par division ; mais tous les
animalcules qui l'occupaient se multipli-
aient-ils de cette manière, n'y en avait-
il point qui fussent ovipares, vivipares ?
Ces questions étaient difficiles à résoudre.
Il isola un animalcule de l'infusion du riz
dans un verre de montre qu'il remplit d'eau
bouillie de cette infusion ; au bout d'un jour,
il trouva cet animalcule dans la société d'un
animalcule semblable à lui; mais était-il venu
du dehors, car il ne pouvait y en avoir dans
cette eau bien bouillie ? Comment donc cet
animal y arriva-t-il ? Était-il né en vie ? Était-

il sorti d'un œuf ? Était-il un produit de la division d'un animal entier ? Spallanzani en observant plus souvent, un de ces animalcules vit au bout d'un certain temps deux globules s'agiter ; bientôt ils devinrent semblables à l'animalcule, qu'il avait observé d'abord ; mais l'étui qui formait cette boule de laquelle l'animalcule était sorti se fronça ; ce qui laissa croire, que ces corps ronds étaient des œufs. Enfin il fallait voir l'animalcule pondre son œuf ; c'est ce que le patient naturaliste parvint à observer, en confinant un de ces animalcules dans une goutte d'eau qui faisait le champ de la lentille.

Toutes les recherches qu'on peut faire sur les différens objets sont de la même nature ; on ne peut en venir à bout que de cette manière, et quand on commence une expérience sur un sujet, on se dévoue à en faire plusieurs qu'on n'a pas d'abord imaginées : telles sont celles de Spallanzani pour prouver que les matières volcaniques sont soulevées par un gaz qu'elles forment : il avait remarqué dans les nombreuses fu-

sions qu'il avait faites de ces matières, qu'il
y paraissait des tumeurs et des bulles pareilles à celles qu'il avait vues dans les cra-
tères ; il chercha à rassembler ce gaz ; il
s'assura de la force et de l'étroite cohérence
de toutes les parties de ses cornues d'argille, mais il n'obtint que l'air des vaisseaux ;
après les avoir brisées, il trouva cependant
que la matière y occupait deux fois plus
de place qu'auparavant ; qu'elle était cou-
verte et remplie de bulles de différens dia-
mètres, ayant depuis un quart de ligne jusqu'à
demi pouce ; mais il y en avait une à l'endroit, où le feu était le plus vif, qui égalait un œuf de poule ; ce gaz faisait crêver
les matras ; on y voyait le verre vaporisé
ou adhérent par petites bulles à diverses
hauteurs ; il observa les mêmes effets, lorsqu'il employa des creusets couverts par d'autres creusets ; le verre factice produisit le
même phénomène ; de sorte qu'il conclut
que ce gaz était un fluide aériforme dégagé
par la vaporisation du verre pendant une
forte chaleur. Il eut été à souhaiter, que
cette fusion opérée dans des vaisseaux ou-
verts sur des matières pesées avant l'action

du feu, eut permis de juger par le poids, ce que cette vaporisation avait fait perdre à la matière soumise à l'expérience.

Ce n'est que par des recherches suivies avec obstination, qu'on parvient à découvrir la vérité. Priestley faisait passer du gaz nitreux sous un récipient plein d'air commun, au travers d'une eau qui avait été gâtée; quand la diminution fut finie, le récipient se remplit d'une fumée blanche, qui se termina par un précipité blanc. Il répéta cette expérience sans succès, et il ne réussit qu'avec la même eau ; le phénomène était piquant ; sa cause devenait importante à découvrir : il remarqua les mêmes apparences dans une bouteille à moitié remplie d'ammoniaque placée sous un récipient plein de gaz nitreux; le précipité se fit de même, et le phénomène disparut; mais il se reproduisit lorsqu'il plaçait la bouteille sous un récipient plein de gaz nitreux. Cette expérience montrait bien que la fumée blanche était l'effet du contact de l'ammoniaque avec le gaz nitreux, et qu'il se formait alors un nitre ammoniacal. On a le même effet sur le mercure, en introduisant l'ammoniaque dans un récipient plein d'air commun, pendant son mélange avec le gaz nitreux ; mais cette expérience ne réussit pas, quand on place l'ammoniaque sous le récipient après le mélange du gaz nitreux avec l'air commun ; ce qui prouve que la première expérience est produite par l'union de l'acide nitreux qui se forme pendant le mélange des deux gaz, avec l'ammoniaque que la chaleur ou l'agitation de l'eau gâtée chasse dehors.

Il faut être bien prudent lorsqu'on ajoute quelque idée nouvelle aux conclusions directes fournies par l'expérience ; puisqu'elles ne sont pas rigoureusement comprises dans ce que l'expérience a fait voir ; puisqu'elles annonceraient l'insuffisance de l'expérience, qui ne dit pas tout ce qu'on lui fait dire. Ces idées peuvent pourtant être vraies, mais il faut les confirmer par des expériences nouvelles. Richer avait observé qu'un pendule qui battait les secondes à Paris, était trop long pour les battre sous l'équateur ; mais ceux qui auraient dit que la chaleur était la cause de ce phénomène ne l'auraient pas expliqué, quoique leur conclusion n'eut pas été invraisemblable. Newton attribua ce phénomène à l'augmentation de la force centrifuge, et il découvrit la vérité; mais elle ne fut démontrée, que lorsqu'on eut prouvé par l'expérience et le calcul, que cette différence était l'effet de la cause annoncée par le philosophe anglais.

Il faut pourtant remarquer que toutes les conséquences tirées des expériences ne sont pas toujours solides, quoiqu'elles paraissent d'abord fondées; souvent on est séduit par une apparence qui frappe; souvent on conclut sans avoir saisi tous les rapports qu'elle peut présenter; plus souvent encore on bâtit des théories fausses, et l'on y trouve les conséquences fausses des expériences faites pour les établir. Les premiers physiciens qui observèrent le baromètre, crurent que la pluie était annoncée par la plus grande élévation du mercure; parce qu'ils pensèrent que l'air contenait alors une plus grande quantité de vapeurs; parce qu'il était le plus voisin du temps, où il s'en débarrasserait, et parce que la pluie qui purgeait l'air de ces vapeurs, ajoutées à son poids, devait le diminuer par cette soustraction; mais l'expérience détruisit bientôt cette opinion, et l'on reconnut que la plus grande hauteur du mercure dans le baromètre était plutôt l'indice du beau temps.

Ce qui doit sur-tout rendre difficile dans les conclusions, qu'on tire des expériences; c'est lorsqu'on voit des expériences différentes faites dans le même but par des moyens différens, annoncer quelquefois des conséquences qui ne sont plus semblables. Priestley obtint de l'acide carbonique, en faisant passer la vapeur de l'eau sur la baryte exposée au feu dans un tube de terre; il crut d'après cette expérience, que l'acide carbonique contenait la moitié de son poids d'eau; mais comme il varia cette expérience en dissolvant la baryte dans l'acide muriatique, et en la desséchant jusqu'à siccité, il jugea que les trois septièmes du poids de l'acide carbonique avaient été gagnés pendant l'opération; ce qui lui fit conclure que l'eau formait ce poids; mais il fallait prouver que l'eau seule pouvait le produire, et il fallait montrer, qu'il n'y avait point eu de décomposition d'eau, d'acide, etc. Il faut pourtant remarquer que lorsqu'on varie une expérience, en employant de nouveaux moyens pour la faire, on fait une nouvelle question à la nature, qui peut avoir une autre réponse; parce que les rapports de ressemblance entre les moyens, ne sont pas toujours assez connus, et parce qu'on ne peut juger assez bien les différences des résultats par les différences connues entre les nouvelles ressources dont on se sert, et le sujet auquel on les applique.

L'observation du baromètre a offert des preuves aussi solides que nombreuses, sur la facilité de se tromper, quand on a voulu expliquer les phénomènes qu'il présente ; quoique les cas paraissent d'abord fort simples, et que les expériences soient toujours constantes. Il y a certainement des causes réelles, ou vraisemblables de l'augmentation du poids de l'air, comme l'addition des vapeurs ; et de sa diminution, comme la chûte de la pluie. Le changement de la pesanteur spécifique de l'air, son accumulation, ou sa dispersion par les vents, sont de nouvelles causes apparentes pour augmenter la pesanteur de l'atmosphère ; mais elles ne sauraient expliquer le phénomène, comme Deluc l'a démontré. On a voulu suppléer à ces causes réelles par des causes supposées, telles que la différence de la pression verticale de l'air en mouvement et en repos, les variations dans l'élasticité, les contractions et les dilations dans le mercure, les vibrations occasionnées par les vents dans les particules de l'air et dans leur transport, l'inclinaison plus ou moins grande des vents relativement à la surface de la terre, le choc des vapeurs contre l'air pendant qu'elles montent, la cessation de ce choc lorsqu'elles sont en repos, la diminution du poids de l'air quand la pluie tombe, l'agitation de l'air lorsque les vapeurs y sont renfermées; enfin, l'augmentation de l'atmosphère produite par la sortie de l'air renfermé dans les entrailles de la terre, et sa diminution dans les cas opposés; mais Deluc fait voir encore que toutes ces causes ne sauraient expliquer les variations du baromètre. La cause de ce phénomène est sans doute susceptible d'être connue, mais il est bien probable qu'on la cherche dans des moyens trop prochains, et qu'elle se trouve placée dans des phénomènes plus généraux. Le phénomène dont il faut rendre raison, c'est la correspondance du mauvais temps avec l'abaissement du mercure, et celle du beau temps avec la variation opposée. Dans le mauvais temps, l'air est mêlé de vapeurs et il pleut; dans le beau temps, il est serein et sec. La présence ou l'absence des vapeurs est donc une circonstance essentielle, et c'est sans doute de la manière d'entendre cette circonstance, qu'il résultera vraisemblablement l'explication cherchée, sur-tout si on la combine avec quelques lois plus générales qui doivent probablement influer sur elle.

Quand on a réfléchi sur les difficultés qui accompagnent l'art des expériences, on s'étonne des traits de lumière qu'on est parvenu à saisir au milieu des ténèbres où l'on est forcé de marcher, et de la peine qu'on a pour découvrir la vérité, lors même qu'on la tient entre ses mains. Priestley en fournit un exemple dans la découverte qu'il fit du gaz oxygène; sans sa persévérance et son génie, elle lui aurait probablement échappé; il raconte que le premier Août 1774, il tira de l'air du mercure précipité *per se*, que cet air ne fut point absorbé par l'eau, et qu'une bougie y brûlait avec une flamme plus élargie et plus brillante que dans l'air commun et dans la vapeur nitreuse; ce ne pouvait pourtant pas être l'air commun, et il n'y avait point d'acide nitreux dans la préparation du précipité *per se* ; de sorte que Priestley ne sut à quoi attribuer ce phénomène; cependant comme il obtint un air pareil du précipité rouge qui est préparé avec l'acide nitreux, il crut que son précipité *per se* avait été fait par ce procédé, ou qu'il était falsifié ; il s'en procura dont il était sûr, et il eut le même air ; il le produisit encore avec le minium, alors il soupçonna que cet air pourrait provenir de l'atmosphère; mais il croyait toujours que cet air avait de l'analogie avec cet air nitreux, où il avait vu brûler une bougie; il voulut donc voir si ce nouvel air perdrait la propriété d'entretenir la flamme comme cet air nitreux en l'agitant dans l'eau, et il s'assura que ce nouvel air la conservait malgré une agitation beaucoup plus longue; il conclut bien que cet air était d'une nature différente, mais il n'imagina pas qu'il fut respirable, ni qu'il put être diminué par son mélange avec l'air nitreux ; il voulut pourtant l'essayer, et il trouva qu'il fut d'abord diminué autant que l'air commun ; dès lors., il pensa que c'était l'air commun absorbé par ces préparations que le feu avait fait sortir, et quoiqu'il eut remarqué une rougeur plus intense et une diminution plus grande en mêlant ces deux airs., il n'y fit presque point d'attention ; il ne lui vint pas même encore dans l'esprit, que cet air tiré du précipité *per se* et du minium, pouvait être plus pur que l'air commun ; aussi il fut bien surpris le lendemain, par le mélange de cet air avec l'air nitreux., quand il vit une bougie brûler dans le résidu ; enfin, il y vit vivre un rat pendant un temps double de celui qu'il aurait vécu dans le même volume d'air commun, mais ayant trouvé par l'air nitreux que cet air respiré si long-temps était encore meilleur que celui que nous respirons, il commença à le croire meilleur, et ce fut seulement alors qu'il pensa à s'assurer de la supériorité de sa pureté, et à le mesurer par tous les moyens qu'il avait à sa disposition.

J'ai cru devoir rapporter ce fait qui est si capital dans l'histoire de la chimie moderne, pour démontrer combien peu il s'en est fallu qu'il n'échappât au grand physicien qui l'avait tenu ; combien nos idées influent sur nos jugemens ; combien nous sommes entraînés à ne voir jamais que ce que nous avons vu ; combien nous résistons à nous élancer vers de nouveaux objets, et combien il faut de victoires sur soi-même pour en obtenir sur la nature, lors même qu'elle semble se livrer à nous sans voiles. Il résulterait de là que tous les faits nouveaux qui s'offrent à nous, doivent être étudiés d'abord avec toutes les analogies qu'ils peuvent présenter, mais qu'on doit encore les suivre indépendamment de ces analogies, lors même qu'elles semblent les plus heureuses, parce qu'elles sont souvent d'autant plus propres à égarer, qu'elles nous ont paru plus séduisantes.

Enfin les expériences peuvent tromper à quelques égards, quoiqu'elles soient vraies à d'autres ; de sorte qu'on doit être attentif à les considérer seulement sous le point de

vue où elles sont nécessairement vraies. Les expériences ne présentent que des cas particuliers,
et l'on sait combien il est dangereux d'en dé-
duire des conséquences générales; ainsi, la
règle donnée par Bouguer pour la mesure
des hauteurs, par le moyen du baromètre,
est presque juste pour les grandes hauteurs
comme celles des Cordilières, mais elle perd
sa justesse dans les lieux qui sont plus bas.

Le baromètre fournit ainsi d'excellentes
leçons de logique aux physiciens; il y a
une multitude de règles également probables
pour calculer les hauteurs; elles sont toutes
prouvées ou combattues par des expériences:
que fallait-il faire dans ces incertitudes? il
fallait changer de route, et c'est le plan que
Deluc a heureusement imaginé, et suivi
par une multitude d'expériences ingénieuses.

Les expériences qui mesurent les forces
de la nature font souvent connaître ses lois;
ainsi la différente pesanteur des corps dans
l'eau fournit à Archimède les principes de
l'hydrostatique; mais il faut alors généraliser
les conséquences de l'expérience, et l'on ne

saurait les généraliser solidement, que lorsque l'expérience l'autorise. Les expériences de Galilée sur la chûte des corps ont conduit à la loi de la gravitation universelle, qui en est l'expression la plus générale ; mais Newton qui l'établit, fit des expériences nombreuses et nécesssaires pour en démontrer avec rigueur la généralité.

Cependant l'expérience ne saurait toujours conduire directement à ces lois, qu'il serait si important de découvrir ; chacune d'elles peut être fort simple ; mais il n'y a aucun phénomène qui soit l'effet immédiat d'une seule de ces lois ; il est pour l'ordinaire soumis à un grand nombre d'entr'elles. Pour juger la cause, il faut approfondir l'effet , et découvrir les lois qu'il suit ; si l'on n'arrive pas ainsi à la vérité, au moins on est peu exposé à se tromper : des effets bien vus, des expériences bien faites, s'arrangeraient mal avec des causes chimériques. L'eau qui bout au bord de la mer avec une certaine chaleur, bout sur les montagnes avec une chaleur moindre. Si la diminution du poids de l'air est la cause de la diminution de la chaleur, comme celle de la hauteur du baromètre, ces deux effets devraient être proportionnels, mais ils ne le sont pas. Les diminutions de la chaleur parurent à Deluc plus rapidement décroissantes que celles du poids de l'air; il ne trouva point pourtant de lois régulières dans ces décroissemens accélérés, quoique les expériences fussent faites avec le plus grand soin. Enfin, après de nouvelles recherches, il découvrit, que les décroissemens de la chaleur de l'eau bouillante correspondans aux abaissemens du baromètre, suivaient pour les différences de la chaleur de l'eau bouillante une progression harmonique, quand les hauteurs du baromètre était prises en progression arithmétique. L'eau qui bout touche l'air par une surface, et se réfroidit, quoique l'air soit un mauvais conducteur de chaleur; d'où il résulte, que les pertes de chaleur faites par l'eau bouillante, sont en raison inverse de la densité de l'air, parce que moins il y a d'air, plus il y a de chaleur perdue.

On a déjà prévu qu'il n'était pas toujours facile de démêler les vraies lois de la nature

ture dans les phénomènes; mais il faut dire encore, que ce travail est souvent d'une extrême difficulté. Il était naturel de penser, que les diminutions de la chaleur de l'eau bouillante étaient proportionnelles aux diminutions du poids de l'air: cependant l'étude des phénomènes présente une autre loi. Il est vrai que la loi des diminutions de la chaleur de l'eau bouillante qu'on avait trouvée, était un fil bien faible pour remonter aux causes de ces diminutions; la chaleur de cette eau diminue par plusieurs causes, qui suivent séparément des lois très différentes de celles qu'on observe dans leurs effets: l'imagination doit alors s'emparer de ces recherches; mais comme elle pourrait s'égarer, il faut qu'elle se dirige par les lois des phénomènes qui redresseront ses écarts en resserrant pour elle le nombre des routes ouvertes, pour arriver à la vérité, et en lui indiquant celles qui peuvent la conduire plus sûrement à son but, on en faire approcher; on ne peut pas se flatter pour l'ordinaire d'atteindre le vrai absolu, parce qu'on ne peut pas toujours voir les causes principales; mille petits défauts dans nos

organes, ou dans nos instrumens; mille obstacles pour saisir des rapports nécessaires
entre les faits apperçus, empêchent de distinguer le vrai ressort du phénomène qu'on
voulait expliquer; alors quand on a découvert les causes principales ; quand on a
cherché vainement les causes particulières ,
il faut se contenter d'un à peu-près dans
la liaison de ces causes principales avec les
phénomènes, et indiquer soigneusement ce
qu'on a été forcé d'abandonner.

On est souvent dans le cas de remarquer
que l'expérience ne confirme pas les théories;
des causes imprévues dérangent les calculs ;
nos idées se présentent à nous d'une manière différente que la nature ; une théorie
ne réunit pas tous les faits, ce qui produit
quelquefois des résultats différens de ceux
que l'on peut observer, comme on le remarque en particulier dans les théories des
vents et du son, où les détails que la réflexion découvre ne s'accordent pas toujours
rigoureusement avec ceux que l'expérience
et l'observation fournissent.

On voit de même, que des expériences faites d'après d'autres expériences ne s'accordent point dans les phénomènes qu'elles produisent, quoiqu'elles soient faites avec soin et intelligence : il y a des anomalies qu'il faut connaître pour les soumettre aux régles générales, ou bien il faut les chercher pour les ramener à l'ordre qu'on apperçoit. La théorie et l'expérience apprenaient que l'électricité favorisait l'évaporation : cependant Desaussure dans son hygrométrie démontre que l'électricité ne produit aucun effet sur un hygromètre sensible renfermé sous un récipient ; des cartes humectées ne perdirent point d'eau après une forte électrisation, qui dura un quart d'heure, quoique chacune d'elles contînt quatre grains d'eau, mais elles en perdirent un demi grain dans le même temps, quand elles en furent supersaturées ; cette condition peut servir à expliquer le phénomène. Van Marum qui a fait des expériences directes sur ce sujet avec la grande machine de Teyler prouve fort bien que le courant d'air occasionné par le fluide électrique qui s'échappe, peut avoir fait soupçonner que l'électricité favorisait l'évaporation ; quoique cet effet ne puisse réellement être attribué qu'au mouvement produit dans l'air par le courant du fluide électrique, qui le renouvelle continuellement.

Les hypothèses peuvent conduire à la vérité, mais elles en écartent souvent, quand on ne les examine pas avec soin et quand on ne les essaie pas par l'expérience. Spallanzani après avoir fait ses expériences sur la digestion vit des couleuvres avaler des grenouilles entières ; il prévit bien que les premières ne pourraient séparer les os des secondes, puisqu'elles étaient sans dents, et que ces os ne pourraient sortir par leur anus. Il imagina, que ces reptiles vomissaient les os après la digestion, comme cela arrive aux oiseaux de proie. Cette hypothèse était plausible, mais le suc gastrique des couleuvres pouvait aussi dissoudre les os ; il mit des os dans des tubes métaliques percés qu'il fit avaler aux couleuvres, et il y vit les os dissous. C'est ainsi que l'expérience justifie l'hypothèse, et que l'hypothèse donne naissance à l'expérience.

Il est peut-être utile de donner un exemple d'une recherche expérimentale qui puisse marquer à ceux qui font des expériences la route qu'ils doivent suivre pour avoir des succès.

Si l'objet dont on s'occupe est nouveau, il faut le décrire avec soin ; s'il est connu, il suffit de le caractériser, d'apprendre ce qu'on a fait pour le mettre sous les sens, en marquant le point d'où l'on est parti, et dessinant scrupuleusement le chemin qu'on a parcouru.

Il faut ensuite indiquer les moyens employés pour développer les objets qu'on étudie. C'est ainsi que Beccari dans ses expériences sur les phosphores indique la manière de les observer, il souhaite, par exemple, que l'œil soit en repos par un long séjour à l'obscurité, qu'on fasse les expériences le matin en se levant, et que les corps soumis à l'expérience soient exposés dans un lieu à l'abri de toute lumière ; ce qui peut se faire avec un tour où l'on place en dehors les objets pour les ramener en dedans à l'obscurité, sans donner passage à aucun rayon de lumière.

Au milieu de tous les corps qui pouvaient devenir un sujet d'expérience, Beccari suivit un ordre qui le met en état de tout voir sans rien oublier ; il soumit donc à ses expériences les terres, les pierres, les sels, les métaux, les végétaux, et les animaux.

Ce n'était point assez d'exposer à une lumière quelconque les corps soupçonnés de s'imprégner de la lumière, qu'ils montraient dans l'obscurité. Beccari rechercha encore dans quel lieu la lumière doit les éclairer ; combien de temps ils doivent y rester ; de quelle lumière ils doivent recevoir les rayons ; il mesura ensuite la quantité de la lumière reçue ; il détermina sa durée ; il rechercha ses différens rapports.

Beccari vit ses nombreux phosphores luire davantage, quand ils avaient reçu la lumière immédiate du soleil, que lorsqu'ils avaient été éclairés par une autre ; lorsque le soleil était serein, que lorsqu'il était brumeux, il observa que ces corps devenaient phosphoriques, lorsqu'ils recevaient la lumière directe ; mais que la lumière transmise au travers d'une glace ne produisait pas le même effet. La lumière d'un feu ardent remplace à peine la lumière d'un ciel couvert. Un séjour de 4 ou 5 secondes à la lumière directe rend phosphoriques les corps qui cèdent le plus lentement à son impression ; une demi seconde suffit à ceux qui reçoivent le plus vite cette lumière.

La lumière des phosphores, ou plutôt des corps que la lumière solaire rend phosphoriques, est plus faible que celle des pierres de Bologne et des diamants. Les uns conservent cette lumière pendant six ou huit minutes les autres pendant deux.

On voit luire par les mêmes moyens les fils de la toile, le chanvre, les fibres des feuilles desséchées après leur macération, le papier gris et blanc, quoiqu'il réfléchisse la lumière ; la chaleur seule rend le papier phosphorique ; pourvu qu'elle ne le décompose pas, et sa lumière se manifeste, lorsqu'il est refroidi, mais le côté qui a été exposé à la lumière est le plus phosphorescent.

Les parties roties des animaux luisent, quand elles ont été exposées à la lumière, le blanc d'œuf ne devient jamais phosphorique.

Beccari compare ensuite les phénomènes de ces phosphores produit par la lumière avec ceux du phosphore tiré de l'urine etc.

Quand ce physicien eut fait ce beau travail, il fut obligé de l'interrompre ; mais il le reprit ensuite et il fit de nouvelles découvertes ; il trouva que les surfaces rudes devenaient plus phosphoriques que celles qui étaient polies, parce qu'il y a moins de rayons réfléchis. Il observa que les corps secs et opaques sont plutôt phosphoriques que ceux qui sont humides et diaphanes ; il vit que les fluides devaient être mis dans des vases de verre très trans-

parens, avant d'être exposés à la lumière;
qu'il faut placer les poudres sous des verres,
préférer les corps un peu gros à de petits
fragmens : il réunit les petits corps comme
les pierres précieuses avec la cire noire,
et leurs atômes devinrent alors phosphoriques.

Toutes les pierres, les terres, les sables,
de toute couleur, l'aimant, quelques mines
de fer, les oxides métalliques salins, le
succin, le soufre deviennent phosphoriques.
Toutes les parties des plantes desséchées à
l'exception de la bete rouge, toutes les
parties des animaux, la main même bien
lavée ont offert ce phénomène.

C'est ainsi que Beccari est parvenu à
faire ce chapitre intéressant dans l'histoire
de la lumière et de ses rapports avec les
corps qu'elle éclaire.

CHAPITRE IV.

De la Chimie considérée dans sa partie expérimentale.

LA chimie occupée du soin de pénétrer la nature des corps s'efforce d'arriver à son but par leur décomposition , et elle y parvient souvent par des moyens très différens ; quelquefois elle sépare leurs élemens , de manière qu'en les rapprochant , elle peut reproduire le corps décomposé , comme on le fait dans la décomposition des sels ; mais on ne réussit pour l'ordinaire de cette façon , que lorsque le corps n'est composé que d'un petit nombre d'élémens. Il est bien plus commun d'obtenir seulement les composans d'un corps par une nouvelle combinaison de ces élémens avec d'autres corps qui fournissent d'autres composés , comme on l'observe dans l'analyse des eaux minérales ;

mais alors il n'est pas toujours possible de
reproduire le composé original , et l'on
ne parvient à séparer qu'en combinant ;
aussi Fourcroy observe fort bien que la
chimie est plutôt un art de composition que
d'analyse ; puisque l'analyse ne peut se faire
que par des compositions nouvelles ; la nature enseigne cette chimie dans ses opérations, qui sont fondées sur les propriétés
des corps ; et qui sont très-probablement
soumises aux loix des affinités comme la
chimie de nos laboratoires.

La chimie est devenue la base de la physique ; ses expériences nombreuses , délicates,
difficiles ont révélé divers secrets dans la
composition des corps, elles promettent la
découverte de mille autres. Cette science
paraît conduire dans les retraites obscures
de la nature , que la physique, proprement
dite, ne saurait aborder ; elle montre des
corps composés, où l'on n'appercevait d'abord
que des corps simples ; aussi elle offre une
foule d'idées et de combinaisons inconnues ;
en un mot elle devient une science nouvelle ,
aussi curieuse par les faits qu'elle a dévoilés ,

qu'elle est importante par les conséquences qu'on en tire. On ne connaît plus de borne à la chimie après les belles découvertes de Black, Priestley, Cavendish, Lavoisier, Berthollet, Chaptal, Fourcroy, Vauquelin, Klaproth etc. Je voudrais faire connaître ce qu'il y a de particulier dans les expériences de cette belle science, et surtout dans celles qui m'ont paru demander le plus de génie et de réfléxion pour les imaginer, et le plus d'adresse pour les réaliser.

La chimie comme les autres parties de la physique expérimentale a ses procédés particuliers, soit qu'on les invente, ou qu'on les répète, soit qu'on y cherche l'explication des phénomènes ; mais toujours ces opérations doivent être réfléchies et exactes, et dans tous les cas une profonde réflexion doit diriger une grande dextérité.

Si l'on sait depuis long-temps, qu'il n'y a point de faits simples dans la nature ; si l'on voit toujours une foule de causes se réunir pour produire un effet, le chimiste sent plus qu'un autre, que tout ce qui l'entoure se presse autour de lui , pour se combiner avec ses opérations, et troubler ses résultats , quand il ne se précautionne pas pour en séparer les influences. Il y a des expériences chimiques, qu'il n'est point indifférent de faire à toutes les hauteurs, à cause de l'action du poids de l'air ; soit pour favoriser ou retarder la vaporisation des fluides ; soit pour déterminer la quantité des gaz; de sorte qu'il faut soigneusement dans tous les cas, de cette espèce, consulter le baromètre ; j'en dis autant pour l'élasticité de l'air et le degré de sa température qu'il importe de connaître. Il n'est pas même égal de faire certaines opérations dans un rez-de-chausée , ou dans un grenier , l'humidité de l'air occasionne la déliquescence , retarde l'évaporation , et la cristallisation ; la chaleur produit les effets contraires , elle hâte les dissolutions. La forme des vaisseaux n'est même pas toujours indifférente , puisqu'en offrant à l'air ou au feu une surface plus ou moins grande , elle augmente ou diminue l'action de l'air et de la chaleur sur le fluide qu'ils renferment. Le mouvement a de même ses usages ;

l'agitation ou le repos détermine quelquefois les dissolutions, les cristallisations ; le plus léger ébranlement hâte la congélation ; le plus petit atome tombant sur l'argent fulminant le fait voler en éclats ; la lumière désoxide le muriate d'argent ; les sulfures se décomposent plus vîte dans le voisinage des émanations acides ; une vapeur blanche se forme sur un flacon d'ammoniaque débouché, auprès d'un flacon ouvert rempli d'acide nitrique ; on observe le même phénomène avec les oxides déliquescens, dont l'acide muriatique abandonne le métal pour contracter une nouvelle union.

Les corps employés dans les expériences chimiques doivent être parfaitement purs, parce que les plus petites variétés doivent en introduire dans les résultats, et c'est sans doute la cause des différences observées dans les résultats des expériences qu'on fait ou qu'on répète.

Lavoisier dans son mémoire sur les combinaisons de l'acide phosphorique produit par la combustion complette du phosphore, remarqua bientôt que la différence qu'il y avait entre ses résultats et ceux des chimistes qui l'avaient précédé dans cette recherche, provenait de ce qu'ils avaient employé un acide qui n'avait pas été préparé comme le sien. On ne peut-au moins se dissimuler, que ces chimistes s'étaient servi de l'acide produit par la lente combustion du phosphore plongé dans l'air, tandis qu'il n'avait combiné dans ses expériences que l'acide phosphorique et les phosphates produits par la combustion rapide du phosphore par l'acide nitrique ou le gaz oxygène.

On ne peut se dissimuler l'importance d'avoir des instrumens parfaits pour estimer les degrés de chaleur, les poids des produits etc. ; d'employer des réactifs très-purs, d'avoir des acides et des alkalis préparés avec soin ; et à plus forte raison des métaux d'une entière homogénéité, il faut même savoir que quelques-unes de ces substances s'altèrent dans les laboratoires ; que la lumière, l'humidité, le gaz oxygène, l'acide carbonique, les corps flottans dans l'air, la décomposition du verre agissent sur elles et sur mille autres d'une manière marquée; ensorte que lorsqu'on les a eues dans leur perfection, il est presque impossible de les conserver long-temps dant cet état.

Il faut apporter l'attention la plus scrupuleuse à toutes les parties de l'expérience qu'on fait; la circonstance qui paraîtrait la moins importante, et qu'on négligerait, pourrait renfermer le nœud du problème, dont on cherche la solution; d'ailleurs tout ce qu'on oublierait, serait une partie de la réponse qu'on doit faire à la question proposée à la nature par l'expérience qu'on aurait entreprise, ou bien la source d'une découverte capitale qu'on courrait risque de se fermer. L'augmentation du poids dans les oxides métalliques offrait un phènomène qui a paru longtemps inexplicable; mais quand Lavoisier eut vu, qu'il n'y avait point d'oxidations sans gaz oxygène; qu'une partie de l'air commun disparaissait dans cès oxidations; que cette partie produisait le même effet que le gaz oxygène; que les oxidations faites avec ce gaz dans des vases scellés hermétiquement

et

et bien pesées avant l'opération offraient le même poids avant la fracture du sceau hermétique , lorsque l'opération était achevée ; que si l'on brisait alors ce sceau sous l'eau , elle y entrait ; que le gaz oxygène qu'on y avait mis , et dont on connaissait le poids avait disparu ; enfin que l'oxide métallique donnait le poids du métal avec celui du gaz oxygène qui avait disparu ; il fut ainsi démontré, que l'oxide était le métal combiné avec l'oxygène. Quant à l'autre cas, on sait que Dippel après avoir jeté dans sa cour une lessive de prussiate sur du fer, y remarqua le beau bleu qui porte aujourd'hui le nom de bleu de Prusse.

Il est nécessaire de réunir dans ses opérations, ce que les poids et les mesures fournissent de plus rigoureux ; les chimistes français en ont sur-tout montré l'exemple, et c'est à leur sévérité dans les procédés, qu'on doit cette multitude de découvertes qui ont créé une chimie nouvelle, et qui en ont vraiment fait une science solide , une science qui a fait entre leurs mains les plus grands progrès, et qui en promet de plus grands encore. Il faut le dire c'est Laplace et Monge qui ont essayé heureusement, et qui ont réussi à soumettre la chimie à la rigueur mathématique, et ce sont eux qui ont ainsi fourni les moyens de faire adopter d'abord les nouvelles idées, en triomphant des préjugés par des expériences qui ne permettent pas même le doute. On est bien convaincu, quand on voit le corps brulé offrir dans ses débris les élémens de sa substance combinés avec l'oxygène, qui l'a consumée ; on est aussi bien convaincu quand on recueille après la combustion de l'esprit de vin une quantité d'eau plus grande , que celle de l'esprit de vin brûlé , parce que le gaz hydrogène de l'esprit de vin forme cette eau avec le gaz oxygène de l'air atmosphérique.

Les expériences ne doivent pas être faites à l'aventure, mais il faut toujours avoir le but de faire quelques découvertes, qu'on entrevoit plus ou moins. On questionne la nature pour pénétrer son secret, et ce sont les questions dirigées de cette manière, qui font trouver la vérité. Il y a des amateurs qui répètent toutes les expériences , qui combinent les corps un à un, deux à deux, etc., qui se fatiguent ainsi dans de longues recherches, et qui ne rencontrent que par hasard quelque chose d'utile : ce ne sont pas les hommes qui servent le plus utilement les sciences. Il faut être profondément occupé de son sujet et du but qu'on se propose ; il faut sentir son importance , et avoir fait des études qui lui soient analogues ; alors l'ame réagit sur elle-même , et elle peut imaginer des moyens efficaces qui lui feront trouver ce qu'elle a cherché. Bergman , dans son analyse du fluor minéral, cherche son acide et sa base; il montre que pour obtenir le premier , il ne met pas autant d'acide sulfurique concentré , qu'il en faudrait pour le dégager entièrement, en appliquant au mélange une chaleur moindre que celle qui serait nécessaire pour élever l'acide sulfurique : au contraire , pour avoir la base, il faut un feu plus violent, et une quantité plus grande d'acide sulfurique, afin que la partie qui ne serait pas décomposée , n'altère pas les parties de la terre qui doit rester pure.

Quand Berthollet combina l'ammoniaque avec l'oxide de cuivre vert; il prévit bien qu'il parviendrait ainsi à connaître la quantité d'azote que l'ammoniaque contenait, s'il rendait l'action de ces deux substances plus énergique par la chaleur ; il vit aussi l'azote se dégager, parce que l'hydrogène de l'ammoniaque devait se porter sur l'oxygène de l'oxide, et former de l'eau par leur union ; il réussit ainsi à déterminer la proportion de ces principes constituans de l'ammoniaque, parce qu'il connut ainsi celle de l'azote dégagé en gaz.

Afin de pénétrer la nature des corps, il faut se garantir des jugemens prononcés sur des ressemblances ou des différences extérieures, qui ne sont pas assez signifiantes pour établir une analogie solide. Celui qui concluerait, que la magnésie, la terre calcaire, les alkalis sont des êtres identiques, parce qu'ils font effervescence avec les acides, et qu'ils se débarrassent de l'acide carbonique, qu'ils contiennent avant de contracter cette nouvelle union, se tromperait beaucoup; comme on s'en apperçoit bientôt, en comparant entr'eux les nouveaux sels que cette union a produits. Bergman observe, avec raison, qu'il faut regarder comme une substance particulière, celle qui a des propriétés qui lui sont propres, et que l'on peut toujours obtenir d'une manière semblable à elle-même, parce qu'une nouvelle propriété suppose l'addition, ou la soustraction de quelque principe; ainsi la chaux calcinée n'a plus les propriétés de la chaux avant la calcination, et la potasse n'est plus la même, quand elle est combinée avec l'acide carbonique, et quand elle l'a perdu.

Les ressources des chimistes pour analyser les corps, sont la voie sèche et la voie humide. La première soumet les corps à l'action du feu qui les dilate; s'ils sont fluides, la chaleur en se combinant avec eux les fait bouillir, les vaporise, les change quelquefois en gaz permanens; elle les enflamme, produit la cendre, la suie, etc. Lorsque le fluide est seulement vaporisé, il reprend son premier état, en reprenant sa première température; il y a pourtant des cas où il se forme un fluide nouveau, plus rare que le fluide original ; comme l'esprit de vin qui peut se raréfier encore après sa première raréfaction , soit par la chaleur , soit par quelque combinaison nouvelle, comme l'éther ; mais lorsque le feu agit immédiatement sur ces fluides , il les décompose , et rend très-difficile la distinction de leurs composans. On volatilise l'huile par l'action du feu qui communique avec elle par un milieu , comme les parois d'un vase. Mais si l'on obtient par ce moyen une huile plus ténue , il faut reconnaître, qu'elle n'a pris cette manière d'être qu'en perdant des parties acides , mucilagineuses et aqueuses, avec quelques parties de charbon : il paraît donc que comme l'huile produite est en moindre quantité, que celle qui a été soumise à la distillation ; l'eau , l'acide , le mucilage, le charbon , la terre étaient des parties composantes de l'huile ; on obtient la terre par la combustion du charbon. Si le feu agit immédiatement sur l'huile , il se forme de nouvelles combinaisons qui donnent naissance à des composés, qui n'existaient pas dans le fluide analysé, et qui sont le résultat d'une nouvelle union des parties constituantes. C'est ainsi qu'on voit paraître l'eau par la combinaison de l'hydrogène de l'huile avec le gaz oxygène de l'air.; l'acide carbonique par l'union du gaz oxygène de l'atmosphère avec le carbone de l'huile; des alkalis et des cendres saturés d'acide carbonique : de sorte que ce n'est que par les soins les plus exacts, les précautions les plus adroites, et les procédés les plus ingénieux, qu'on parviendra à tirer ces substances de leurs entraves, et à découvrir les composans originaux des matières qu'on étudie.

Il faut remarquer ici que les tables d'affinités qu'on connaît sont bien courtes, lorsqu'il s'agit de ces combinaisons; les affinités de la base des gaz entr'eux sont certainement différentes de celles qu'ils exercent dans leur état de gaz, et de celles auxquelles ils sont soumis dans leur *état naissant*, où il paraît qu'ils sont peut-être déjà modifiés par le calorique; ainsi, le gaz hydrogène dans son état naissant forme l'ammoniaque avec le gaz azote, quoique ces deux gaz ne sauraient le produire, lorsque le premier a toute sa perfection; il faut dire la même chose de

leur différentes combinaisons avec le carbone ;
ainsi , le gaz hydrogène carboné forme
l'huile avec l'oxygène du gaz acide muriatique oxygèné qu'on n'obtient pas autrement:
il en sera de même de la quantité plus ou
moins grande de leurs principes constituans ,
de la chaleur qu'ils éprouvent ; des milieux
où ils peuvent se trouver, etc. : on devrait
appliquer ces considérations aux matières
solides, et se rappeler toujours les observations
lumineuses sur les affinités de Morveau et de
Berthollet qui annoncent à la chimie des
moyens bien puissans pour faire de grands
progrès.

Si l'on traite un corps solide par le feu ,
il se calcine comme les pierres calcaires ,
ou il se fond , et s'oxide comme les métaux, ou il se volatilise et se vitrifie même
comme eux ; mais dans la plupart de ces
cas, quelques parties volatiles s'échappent ,
le gaz oxygène se combine , soit avec le
carbone , soit avec le corps solide ; de sorte
qu'il est toujours très-difficile d'avoir les
élémens du corps dans une grande pureté,

Enfin il y a des corps composés de solides et de fluides; mais alors toutes les compositions et les décompositions dont j'ai parlé se réunissent dans leur analyse; il faut se souvenir que les matières animales et végétales se réduisent finalement par tous ces moyens à un peu de terre, à l'azote, aux gaz hydrogène et oxygène, au carbone, comme Fourcroy l'a sur-tout fait voir dans sa belle analyse du quinquina de St. Domingue.

Quoique la voie sèche semble plutôt propre à tout confondre qu'à tout séparer; elle a cependant des avantages qui rendent son emploi nécessaire, et elle dévoile des propriétés et des élémens qu'on ne connaîtrait pas, ou qu'on ne distinguerait pas aussi facilement sans elle.

La voie humide a sans doute quelques inconvéniens; mais elle a aussi les plus grands avantages; celui qui s'en sert avec génie y trouve des ressources extrêmement heureuses, dont il peut disposer à son gré; elle roule sur le jeu des affinités observées entre divers corps qui favorisent la décomposition de certains composés pour en former de nouveaux déja connus ; ainsi, par exemple, en versant une dissolution de potasse dans une dissolution d'alun , l'acide sulfurique quitte l'argille à laquelle il était uni pour se lier avec la potasse , et l'on trouve l'argille pure au fond du vase. On produira les mêmes phénomènes en employant deux composés , dont les composans de chacun aient plus de penchant à s'unir entr'eux, qu'à conserver leur union première ; alors il se fait une combinaison croisée, qui formera deux nouveaux composés.

Il faut pourtant observer, que ces décompositions et ces compositions sont sujettes à des anomalies dépendantes des circonstances, qu'on ne peut pas toujours déterminer ; ces décompositions et ces compositions sont pour l'ordinaire partielles, et il se forme des combinaisons, qu'on ne peut pas toujours apprécier, comme celle de l'hydrogène et de l'azote, pour former l'ammoniaque ; celle du gaz oxygène et du carbone pour produire l'acide carbonique, et celle de l'hydrogène et de l'oxygène pour faire l'eau, etc. Il faut pourtant avouer que par ce moyen, on opère des compositions, que la seule affinité des composans séparés n'auraient pas pu opérer. Les tables d'affinités de Bergman sont un moyen de pénétrer une foule de secrets, qu'on n'aurait pu dévoiler sans elles, et l'on s'en apperçoit bientôt dans l'analyse des pierres et des eaux minérales. Ce moyen mérite d'autant plus de confiance, que les produits sont rarement altérés dans le mélange, comme l'expérience l'a démontré. Mais je voudrais entrer à présent dans quelques détails qui seront plus appropriés à ce sujet.

On est obligé d'avoir souvent recours à diverses manipulations, qui sont quelquefois promptes, et qui doivent être toujours exactes; il faut donc avoir des vaisseaux dont on connaisse non-seulement la capacité, pour déterminer le volume et le poids des matières qu'ils contiennent; mais il faut encore qu'ils soient commodes et sûrs dans leur usage. Pour transvaser les gaz, soit dans le mercure, soit dans l'eau, il faut des entonnoirs pour prévenir leur perte ; on doit assurer les récipiens dans la place qu'ils occupent, quand ils auront perdu le fluide qui les remplissait, pour recevoir les gaz qu'on a produit ; mais il faut méditer les *élémens de chimie* de Lavoisier, qui sont, à cet égard, comme à tous les autres un chef-d'œuvre de génie, de méthode et de clarté.

Les expériences demandent peut-être une attention plus scrupuleuse, que les observations ; parce qu'on retrouve toujours dans la nature les objets qu'on peut observer ; au lieu qu'une expérience qui ne réussit pas, ou qui n'apprend rien, est presque toujours perdue, quand on ne l'a pas faite avec intelligence, ou étudiée avec attention ; quoiqu'elle put renfermer le germe des vérités qu'on cherchait. Une apparence mal saisie peut cacher le jeu des affinités, et les combinaisons ne se présentent pas constamment d'une manière sensible. La potasse mêlée avec la dissolution d'un sel à base de soude reste limpide, quoique la soude ait été délogée par la potasse ; cependant rien ne signale ce changement ; de sorte qu'il faut recourir à d'autres moyens, et s'assurer par des expériences particulières du résultat de chaque opération.

Cette attention, dirai-je, minutieuse à toutes les circonstances d'une expérience est indispensable pour éviter les illusions, qu'il est si facile de se faire, quand on néglige de considérer d'une manière réfléchie, tout ce qui se passe, et peut-être tout ce qui doit se passer dans le cas dont on s'occupe. Watt avait soupçonné la possibilité de réduire en air permanent la vapeur de l'eau bouillante ; Priestley essaya de le réaliser. Il mit dans une cornue de terre de la chaux avec une petite quantité d'eau bouillie ; il l'exposa à un feu violent ; il obtint la vapeur de l'eau, et beaucoup plus d'air mêlé d'acide carbonique, que la masse de l'eau mise dans la cornue ; il crut d'abord que l'eau avait produit cet air. Il interposa un large ballon de verre entre la cornue et le récipient pour rassembler l'air produit ; il observa que le ballon resta froid et sec, pendant le procédé, et que l'air échappé au travers du mercure, n'était pas humide ;

en calcinant la chaux seule dans la cornue
de terre, on avait l'air sans eau. Il remplit
ensuite une cornue de terre avec la terre
et l'eau, mais il plaça cette cornue dans
une cornue de verre; il eut alors la vapeur
de l'eau et très-peu d'air. Il s'assura ensuite, que les matériaux de la cornue ne
pouvaient produire l'air qu'il avait obtenu,
il les réduisit en fragmens très-petits; il les
mit dans une cornue de verre, mais il n'y
eut point alors d'air produit, quoique le
feu fut très-fort; de sorte qu'il fut convaincu
que l'air venait de la cornue, puisqu'en
distillant l'eau dans ces cornues, il recueil-
lait une grande quantité d'air, et quand
toute l'eau était évaporée, le produit de
l'air était le même, soit qu'il y eût eu
beaucoup d'eau dans la cornue, soit qu'il
y en eût eu très-peu; il lui parut seulement,
que l'humectation des parois de la cornue
favorisait le développement de l'air. Les
cornues de Wedgwood sont pénétrables à
l'eau sans être pénétrables à l'air; mais
tandis que l'air s'insinue avec l'eau, introduite dans les pores de la cornue de terre,
l'eau s'échappe sous la forme de vapeurs,

et l'air est chassé dans le récipient disposé pour le recevoir. Comment donc cet air passe-t-il au travers de la cornue ? Il fallait encore examiner, cette circonstance du phénomène, pour l'expliquer complètement. L'expérience apprend que l'air sort avec la vapeur, quand la cornue est fortement échauffée ; que cet air est parfaitement semblable à l'air, ou au gaz qui environne la cornue; que cet air ne vient pas de l'eau, puisque son volume égalait celui de 800 onces d'eau, pendant que l'eau avait seulement perdu un grain ; enfin, que l'air n'entrait pas dans la cornue par son bec, puisqu'il en sortait, et qu'il était produit par une chaleur au-dessous de celle de l'eau bouillante. Enfin, la cornue plongée dans le mercure, fournissait trois fois moins d'air, que lorsqu'elle n'y était pas, d'où il résulte que l'air fourni par la cornue exposée à l'action de l'air atmosphérique, et semblable à lui était l'air atmosphérique lui-même entré par ses pores.

On ne peut affirmer l'existence d'une substance, que lorsqu'elle montre ses propriétés;

ainsi l'on affirme solidement, qu'il y a de
la chaleur produite par-tout où le thermomètre et le pyromètre l'annoncent; de même
on est sûr, que les corps qui la font observer en ont perdu, quand on peut le
remarquer avec les mêmes instrumens.

Il est assez difficile quelquefois de distinguer les parties constituantes d'un corps,
lorsqu'elles ont été tourmentées par l'analyse
chimique; il est vrai qu'on peut analyser
scrupuleusement quelques corps, et les re-
construire avec les parties analysées, comme
l'alun, l'eau, l'ammoniaque; mais cela est
impossible dans l'analyse végétale et animale; parce qu'il y a tant de matériaux
perdus, décomposés, recomposés, qu'il est
presque impossible de retrouver les principes
constituans du mixte analysé.

Il faut par conséquent distinguer alors avec
soin les élémens retirés de l'analyse, des élémens qui constituent le mixte. Tout ce
que les différentes opérations fournissent par
l'action des autres corps sur une substance,
en est retiré comme les gaz qui n'existaient

pas

pas sur une forme gazeuse, mais qui sont seulement une combinaison de quelques matières avec le calorique ou l'oxygène, ou quelques autres élémens, et souvent le résultat d'une décomposition préliminaire, et de l'union d'une partie décomposée avec une substance qui s'ajoute à elle, comme on l'observe dans les combustions, les fermentations, quelques mélanges, etc. Le charbon, la terre, la potasse tirés par la voie sèche hors des végétaux, seraient-ils des produits existans dans le végétal, comme y ayant toujours été ? Les premiers dont j'ai parlé sont, si l'on veut, un produit formé par l'art, ou par la désorganisation de la matière analysée; mais ceux-ci sont les produits de la nature dépouillée des corps qui empêchaient de les reconnaître.

Pour découvrir les principes des corps, il faut réunir tous les moyens possibles, autrement on ne saurait dissiper tous les doutes. Des ressemblances légères, des analogies faibles ne peuvent et ne doivent pas contenter; il faut séparer tous les principes constituans, les étudier individuellement, lorsqu'ils sont séparés, et reproduire le tout en rapprochant ses parties isolées. Les chimistes modernes offrent souvent l'exemple de cette marche philosophique. On a démontré de cette manière que l'hydrogène et l'oxygène sont les composans de l'eau ; on reçoit sous un récipient plein de mercure le gaz hydrogène formé, lorsque l'eau traverse un tube de fer incandescent, et l'on trouve l'oxygène dans le fer oxidé. On sait que l'eau a été décomposée ; puisqu'on ne trouve pas toute celle qui a été versée ; mais comme rien ne pouvait fournir le gaz hydrogène produit, et cet oxygène qui a oxidé le métal, que l'eau versée dans le tube, il faut conclure, que l'eau seule, en se décomposant , a fourni ce gaz hydrogène, et l'oxygène oxidant ; aussi comme on sait par le poids de l'eau qui reste, la quantité de l'eau qui a disparu , et comme on connaît la quantité du gaz hydrogène recueilli avec l'augmentation du poids du tube oxidé, on sait aussi la quantité de l'hydrogène et de l'oxygène qui entrent dans la composition de l'eau. Cette analyse ne laisse rien à désirer. On a pourtant démontré encore son exactitude,

en combinant les gaz hydrogène et oxygène dans les proportions trouvées, et l'on
a obtenu par la combustion une quantité
d'eau égale au poids des gaz brûlés.

Berthollet a fait voir qu'en chauffant des
combinaisons d'oxides de cuivre et d'or
avec le gaz alkalin, on obtient de l'eau et
de l'azote. D'où viennent-ils ? L'eau est le produit des gaz hydrogène et oxygène combinés ; ces oxides d'or et de cuivre contiennent
l'oxygène, il faut donc que le gaz alkalin donne l'hydrogène et l'azote ; mais l'examen
des matières employées le prouve, puisque
les oxides sont réduits à l'état métallique,
ou privés de leur oxygène, et que le gaz ammoniaque ne laisse que l'azote : on a les mêmes
résultats en combinant l'acide muriatique oxygène avec le gaz alkalin, parce que l'oxygène du premier forme l'eau en se combinant avec l'hydrogène du second, qui abandonne l'azote. Enfin Austin a reconstruit
le gaz alkalin en combinant l'hydrogène
dans son état naissant avec l'azote sous des
cloches, où il a vu verdir le papier
bleu.

On juge les conséquences que l'expérience fournit par de nouvelles expériences qui appuient les premières. Quand on eut trouvé que l'alun était composé de 39 parties d'acide sulfurique, de 16 et demi d'argille, et de 45 et demi d'eau ; pour démontrer que ces composans et leur proportions se trouvaient réellement dans l'alun, il s'agissait de démontrer l'existence de l'acide sulfurique par les différens sels qu'il peut former, et celle de l'argille par ses propriétés particulières. Enfin pour dissiper tous les doutes sur la solidité de cette analyse, on reconstruit l'alun en combinant l'acide sulfurique, l'argille et l'eau dans les proportions indiquées.

Les preuves chimiques sont portées à présent à un point de certitude, qui écarte pour l'ordinaire les doutes ; je ne veux pas en multiplier les exemples inutilement ; mais j'ajouterai celui qu'on a de la composition de l'air atmosphérique ; on y démontre clairement l'existence des gaz oxygène et azote dans des proportions différentes, mais dont on détermine assez exactement les quantités ;

on a trouvé qu'il y a environ 27 parties du premier et 70 du second; on le sait par le moyen des sulphures qui absorbent le gaz oxygène, par celui du linge plongé dans une dissolution de potasse, et tenu sur du soufre brûlant, par l'action du gaz nitreux, par celle de la combustion, de la fermentation, et de l'oxidation des métaux. Dans tous ces cas on trouve toujours la même diminution de l'air soumis à ces expériences sous des vases clos, et par des effets semblables à ceux qui sont produits, lorsqu'on emploie le gaz oxygène pur, il reste ensuite le gaz azote avec lequel on peut faire l'ammoniaque, en le combinant avec l'hydrogène naissant. Lavoisier prouve la vérité de cette analyse par les poids, en montrant le gaz oxygène disparu de l'atmosphère qui est passé dans le corps brûlé ou oxidé. On doit juger le prix de la chimie moderne par la force de ses preuves, comme par l'éclat de ses découvertes ; elle offre toujours ce spectacle interessant entre les mains des grands hommes, qui la cultivent aujourd'hui.

On peut s'être apperçu que les expériences chimiques s'opposent à l'exactitude la
plus rigoureuse ; il faut y employer sévè-
rement les poids et les mesures ; en opé-
rant sur des masses très - petites les erreurs
les plus légères en apparence, les négli-
gences les moins signifiantes seraient toujours considérables. Cette exactitude tient
à une finesse de vue qui fait trouver les
moyens de décompositions et de récomposi-
tions, que chacun n'est pas capable de découvrir, et d'employer. Ce n'est pas tout, il faut
encore une singulière adresse pour mettre sous
les yeux tous les produits , pour les distinguer,
pour les caractériser ; cependant il faut
encore avouer que cette exactitude ne saurait être bien complette, la diversité et la
nature des opérations entraînent toujours des
pertes inévitables ; les produits fixes restent
plus un moins adhérens aux vaisseaux ,
aux filtres, aux dissolvans , malgré tous les
soins qu'on peut prendre ; les produits
volatils disparaissent par l'évaporation dans
les changemens de vaisseaux , par l'absorp-
tion dans les milieux qu'ils traversent ; il
n'est pas facile d'estimer le poids des gaz ,

quand ils sont purs, et il y en a plusieurs qui sont plus ou moins mêlés avec d'autres substances ; on ne saurait jamais l'avoir que par des approximations ; aussi l'on obtient souvent des résultats différens, en répétant ces expériences : tout cela et' mille autres inconvéniens accablent le chimiste, quand il veut déterminer les rapports des élémens des corps et leurs propriétés ; aussi Deyeux ce chimiste célèbre avoue qu'il n'a pu parvenir à cette exactitude rigoureuse, qu'il paraît avoir cherché, et je sens la force des obstacles qu'il a rencontré, toutes les fois que je l'ai voulue.

Le but des expériences est la découverte de la vérité ; les théories pour être solides doivent être l'expression des faits, et présenter leur enchaînement. Lavoisier observe fort bien qu'il faut simplifier le raisonnement, le supprimer même autant qu'il est possible, parce qu'il peut égarer, à moins qu'il ne soit continuellement mis à l'épreuve de l'expérience. On ne doit conserver aussi que les faits qui sont des vérités enseignées par la nature, et ne cher-

cher la vérité dans la philosophie naturelle,
que par l'enchaînement des expériences et
des observations, en suivant avec soin l'ordre dans lequel elles se sont présentées.
Les mathématiciens offrent la méthode qu'il
faut adopter dans la solution des problèmes,
l'arrangement des données leur en offre les
moyens, en réduisant le raisonnement à
des opérations si courtes, à des jugemens
si simples, qu'ils ne perdent jamais de vue
l'évidence qui leur sert de guide.

J'aime rappeller ici les fondemens de la
chimie moderne, ils annoncent le génie
philosophique de ceux qui les ont jettés.
La chaleur change la glace en eau, qui
se résout en vapeurs, quand elle est échauffée à 80.°; tous les corps se gazifient par
une chaleur particulière; desorte qu'ils sont
solides, fluides, ou aëriformes suivant la
quantité de calorique qu'ils contiennent,
Les gaz sont de même la combinaison d'un
corps avec le calorique ; tous les corps en contiennent plus ou moins ; mais il est certain que sa quantité est plus grande dans
les fluides. Le gaz oxygène est l'oxygène

plus le calorique, comme la vapeur de l'eau est l'eau plus le calorique. Les métaux élevés à une certaine température enlèvent l'oxygène au calorique ; le fer incandescent produit le même effet sur l'eau mise en contact avec lui ; elle abandonne alors son hydrogène, et l'oxygène qui était uni à ce dernier pour faire l'eau, se combine avec le métal.

Les corps combustibles se brûlent, comme les métaux s'oxident, en décomposant le gaz oxygène pour s'unir à sa base ; rien n'est supposé dans cette explication, tout se démontre par les poids et les mesures.

C'est encore un fait que l'oxygène est nécessaire à la production des acides dont on connaît la composition. Le soufre se convertit en acide sulfurique, lorsqu'on le combine avec une fois et demi son poids d'oxygène. Le phosphore devient acide phosphorique, le carbone acide carbonique par leur union avec deux fois et demi leurs poids d'oxygène ; il paraît de-là que l'analogie n'est point forcée, quand on conclut que les acides sont acidifiés par l'union d'un radical avec l'oxygène , comme l'analyse des acides nitrique , arsénical et végétal le confirme.

On voit ainsi que les substances inflammables ont la propriété de décomposer le gaz oxygène , et d'enlever au calorique , ou à la lumière leur base. Quand la composition est rapide , il y a flamme, lumière, et chaleur ; quand elle est lente la chaleur et la lumière dégagée sont à peine perceptibles; d'où il résulte, que le gaz oxygène est le corps inflammable par excellence ,' et qu'il fournit seul dans la combustion le calorique et la lumière.

Ces faits ou ces principes généralisés fondent la chimie , qui devient ainsi une science raisonnable , la plupart des phénomènes se lient entr'eux et s'expliquent réciproquement : la nature s'interprète par elle même, les faits traduisent les faits, et les hypothèses. les plus ingénieuses périssent pour l'ordinaire, quand on les mesure avec les faits.

L'accord des explications avec les tables d'affinités fait la preuve chimique ; mais une table d'affinités est une suite de faits solidement établis qui contrôle les autres, et qui fournit les vrais moyens d'interroger la nature, en fournissant les seuls moyens de l'expliquer dans diverses circonstances.

Je n'ajoute qu'un mot, parce que la partie théorique de l'art d'observer est la même que celle de l'art de faire des expériences ; aussi ces arts importans ne sauraient proscrire, ni les analogies, ni les hypothèses ; ils semblent même autoriser celles-ci, puisqu'ils apprennent à les apprécier. L'expérience apprend que tous les corps sont pesants, quoiqu'on ne les ait pas tous pesés ; mais le nombre de ceux dont on connaît la pesanteur est si grand, qu'on est forcé de reconnaître, que ceux qui n'ont pas été soumis à l'expérience doivent être pesans comme les autres. L'analogie et les hypothèses ont même des avantages, qu'il ne faut pas perdre, elles conduisent naturellement à faire des expériences qu'on n'aurait pas imaginées sans

leur secours. Quand on admet la décomposition de l'eau et sa reconstruction dans
les phénomènes chimiques, on apperçoit
bientôt la dernière dans la combustion de
l'huile et de l'esprit de vin. Cependant il
faut le répéter , la philosophie naturelle ne
fera des progrès , que lorsqu'elle s'élévera
sur l'observation et l'expérience qui sont
ses seules bases solides et celles de toutes
les théories qui ont subsisté et qui subsis-
teront. Je remarquerai pourtant que l'on doit
prendre garde à un écueil qui paraît aujourd'hui devenu dangereux ; on se borne
trop aux expériences et aux observations ,
et on néglige presqu'entièrement la philosophie spéculative. Il est presque inutile d'emma-
gasiner un grand nombre de faits , si l'on ne
cherche pas à saisir leurs rapports et leurs
liaisons ; ils ne forment que des trésors
imaginaires qui ne sauraient être réalisés ,
que lorsque les richesses seront mises à
leurs places , et qu'elles trouveront unies
et agissantes comme elles peuvent agir par
leur union dans la nature.

Avant de finir ce chapitre , je veux donmer un exemple qui servira de modèle pour la manière de procéder dans l'analyse chimique, ou plutôt dans la recherche des vérités qui paraissent les plus cachées ; je le trouve dans la belle découverte de l'azote comme étant une partie constituante des matières animales et surtout de leur parties fibreuses.

Berthollet fit cette conquète à la chimie en traitant les matières animales avec l'acide nitreux ; elles lui fournirent plus ou moins d'acide saccharin avec une huile particulière ; mais il n'en retirait point de sel ammoniacal. Il découvrit alors que l'ammoniaque n'existait pas dans les substances animales , et qu'il était un produit de leur décomposition. Il vit ensuite , que les oxides et les sels métalliques n'agissaient sur les substances animales, que parce que ces oxides et ces sels se revivifiaient alors avec plus ou moins de promptitude, en leur cédant plus ou moins vite leur oxygène, dont la partie huileuse est fort avide. L'alkali caustique dissout les matières animales sans les détruire : ce fut à cette occasion que ce grand chimiste vit que l'ammoniaque était formé par $\frac{1}{6}$ en poids d'hydrogène et les $\frac{5}{6}$ d'azote, et qu'il montra comment ce sel se produisait dans la fermentation putride. Il prouva ensuite que l'ammoniaque obtenu par la distillation des matières animales est le produit de l'azote, qu'elles contiennent combiné avec l'hydrogène de leurs huiles décomposées; aussi l'on n'a point d'azote, quand on a l'ammoniaque et réciproquement. De même l'acide carbonique qui se forme est le produit du carbone des huiles décomposées avec l'oxygène de l'air. Tout cela découvre pourquoi les substances animales donnent beaucoup d'ammoniaque par l'action du feu, qui décompose les huiles et fournit l'hydrogène à l'azote pour fabriquer ce sel; pourquoi ces substances ont une odeur si forte, lorsqu'elles se pourrissent; pourquoi l'azote qu'elles contiennent est si nécessaire à la formation de l'acide nitrique, et pourquoi les matières animales qui pourrissent sont indispensables pour la formation de cet acide.

CHAPITRE V.

Des expériences d'Agriculture.

J'AURAIS voulu parler ici des expériences psychologiques et de celles de médecine, pour marquer ce qu'elles ont de particulier: et donner une idée de la manière de les entreprendre et de les suivre, en cherchant ce qu'elles peuvent raisonnablement promettre; mais quoique les progrès de ces sciences dépendent uniquement de cette manière de les étudier; quoiqu'elles en offrent tous les jours les objets ; j'ai trouvé que la théorie que j'ai faite pour les autres sciences de la philosophie naturelle perdait la certitude que je lui crois, lorsque j'ai voulu l'appliquer à quelques cas perticuliers de la médecine et de la psychologie. Les questions que j'ai examinées m'ont semblé trop indéterminées, les sujets des expérien-ces trop mal connus, les circonstances influentes ignorées ou sans limites : mais je n'en fais point de reproche à l'art de guérir qui excite toute mon admiration dans le grand médecin ; j'accuse uniquement mon impéritie du jugement que j'ai osé former. Je ne comprens pas comment ce médecin peut résoudre dans la même journée tant de problèmes compliqués avec autant de sûreté; ce serait à lui à compléter l'ébauche que Zimmerman avait faite sur ce beau sujet dans son livre {de *l'expérience en medécine.* aussi je me borne à présent à dire un mot sur les expériences d'agriculture.

Plus les expériences intéressent le bon-heur général, plus aussi elles sont importantes; et plus l'art qui les dirige mérite d'être perfectionné. Les expériences d'agriculture doivent à cet égard fixer l'attention du philosophe, mais on ne peut se dissimuler leurs difficultés, quand on considére l'inuti-lité de la plupart de celles qu'on a faites; leur nombre même, leurs contradictions sont devenus des obstacles à leur influence ; il

y

y en a une foule qui sont totalement per-
dues, parce qu'elles ont été ou mal imaginées, ou mal suivies, ou mal répétées, ou mal
racontées; il y en a même qui sont dangereuses,
parce qu'elles ont trompé leurs auteurs, comme
ceux qui ont voulu les refaire. Il y en a
beaucoup qui n'apprennent rien, et qui offrent sans profit des procédés nouveaux.
Enfin il n'y en a qu'un très-petit nombre
qui ont eu le succès qu'on leur souhaitait.
On est bien étonné, en lisant les ouvrages
de Varron et de Columelle et surtout d'O-
livier de Serre, de retrouver dans les anciens
auteurs la plupart des procédés de notre
agriculture. On est bien plus étonné en
lisant l'histoire, quand on voit que les produits de l'agriculture ancienne ont été autre-
fois plus grands en Italie et en Sicile qu'à
présent.

On ne s'est pas assez persuadé, que
l'agriculture n'offre qu'un problème à résoudre, mais que ce problème varie suivant
les lieux et le temps où l'on cherche sa
solution. Faire produire à un terrain donné
les plantes les plus propres à procurer à

son propriétaire dans l'espace de quelques années le plus grand revenu.

Au premier coup-d'œil, la solution de ce problème suppose la connaissance de toutes les causes physiques, morales et politiques qui doivent y influer.

1.° Parmi les *causes physiques* je compte tout ce qui peut avoir des rapports immédiats avec la végétation, l'air, les météores, la terre, l'eau, la chaleur, et les circonstances particulières du lieu donné ; ce qui peut faire connaître les plantes les plus convenables au sol, ou indiquer les améliorations dont il est susceptible.

2. Les connaissances *morales* sont nécessaires pour trouver les moyens les plus propres à faire concourir les autres hommes aux succès des entreprises, qu'on peut former dans leurs âges, leurs sexes et leurs relations différentes. Cette partie de l'agriculture qui est très-importante est peut-être la plus négligée : quoiqu'il semble d'abord très-facile d'éclairer les hommes sur leurs

vrais intérêts, il n'est pas pour l'ordinaire aisé de leur faire comprendre, en quoi ils consistent, et il est toujours très-difficile de rompre les anciennes habitudes pour en former de nouvelles, quel que soit l'espoir qu'elles peuvent donner.

3.° Enfin les connaissances *politiques*, qui sont très-importantes indiquent les rapports commerciaux des états., et découvrent le genre de denrée qu'il convient le mieux de cultiver, d'acheter etc.

Ces considérations apprennent déjà que les expériences d'agriculture considérées sous tous ces points de vue différens donnent rarement des résultats bien déterminés, et qu'elles ne peuvent les offrir avec une certaine solidité, que lorsqu'elles ont été répétées en grand et un très-grand nombre de fois.

Il est encore extrêmement difficile de remarquer ce qu'il y a d'essentiel dans les expériences, parce que ces remarques dépendent absolument du génie de l'observateur, du but qu'il s'est proposé, des circonstances où il s'est rencontré ; il y a plus, chaque expérience dépend encore d'une foule d'observations qu'il faudrait rapprocher.

Les expériences de l'agriculteur diffèrent de celles du physicien à quelques égards ; celui-ci a le choix de ses matériaux, de ses instrumens, de son temps ; il peut employer toutes les ressources de son adresse, de son exactitude, de sa patience pour opérer suivant sa volonté. L'agriculteur est pour l'ordinaire obligé d'agir par des mains étrangères, d'occuper des hommes sans intérêt pour ce qu'ils font, lorsqu'ils ne le font pas malgré eux ; il est toujours appelé à combattre les élémens, les insectes, à être contrarié par mille circonstances, qu'il doit toujours craindre sans pouvoir toujours les écarter.

Une expérience faite sur un seul terrain ne dit tout ce qu'il faut savoir, qu'après avoir été variée de mille manières sur tous les terrains, pour saisir le procédé le plus avantageux à un terrain donné, ou la formule générale la plus vraie, qui devrait s'appliquer, s'il était possible, à tous les climats et à tous les lieux.

Les expériences d'agriculture ayant ainsi pour but l'emploi le plus lucratif du sol, doivent s'étendre à la manière de le préparer, aux instrumens destinés à cet usage, aux engrais nécessaires, aux procédés à suivre, et à la succession des végétaux cultivés.

On remarque ainsi, que toutes les difficultés de l'art d'observer, toutes les sources d'erreurs que j'ai indiquées, se réunissent dans les expériences d'agriculture, et que l'on a moins de moyens pour vaincre les unes, et écarter les autres. Les exemples en fourmillent, mais les contradictions multipliées des agriculteurs le démontrent encore mieux; ce qui fait sentir l'importance des règles que j'ai prescrites pour observer et expérimenter utilement dans cette science, qui peut concourir si puissamment au bonheur des hommes et des états.

Les erreurs naissent en foule pour l'agriculteur; elles ont une multitude de causes cachées ou inapperçues, comme la différence du climat, du terrain, des saisons, des engrais, de l'étendue du sol sur lequel on opère, etc.

Il ne suffit pas même de porter ses sens sur les objets pour les juger, leur apparence est souvent trompeuse; une expérience n'est qu'un cas particulier; avec de l'esprit on explique, on généralise tout, et quand on est séduit par des raisonnemens qui semblent justes, on se livre innocemment à l'erreur dont on se croit fort éloigné.

Il est essentiel de se prémunir contre les préjugés qui font abandonner mal à propos d'anciennes méthodes, ou qui en font adopter de nouvelles; l'âge d'un procédé n'est pas une autorité, la comparaison seule des produits doit déterminer le choix qu'on peut faire.

CHAPITRE VI.

Réflexions générales sur les Observateurs et ceux qui font des expériences.

APRÈS avoir considéré en quoi consiste l'art d'observer et de faire des expériences, il serait naturel de porter un jugement sur ceux qui l'ont exercé. Ceux qui ont médité ce beau sujet, se sont sans doute fait un tableau des hommes qui ont fixé leurs regards par les succès qu'ils ont eus dans leurs recherchés, et ils ont sans doute disposé dans un certain ordre, ceux dont ils ont étudié les ouvrages. Je voudrais rendre compte des impressions semblables que j'ai reçues en composant cet essai ; mais je déclare qu'en formant cette entreprise, j n'ai été entraîné, ni par l'esprit de la critique, ni par le désir de contredire les jugemens déjà portés. Je hais la médisance, et je suis toujours reconnaissant de tout ce qu'on fait pour l'avancement des sciences et des arts; mais comme je souhaite ardemment leurs progrès, j'ai cru qu'il était important de montrer aux jeunes gens les modèles qu'ils doivent suivre, la carrière qu'ils ont à parcourir, et les espérances qu'ils peuvent concevoir.

L'art d'observer est aussi ancien que les hommes; ils s'instruisent tous plus ou moins par leurs propres observations; leurs besoins les rendent clairvoyans; mais le plus grand nombre se bornant à ce qu'il soupçonne d'une nécessité journalière, il y en a peu qui croient être utiles en faisant connaître leurs découvertes; il y en a bien moins qui croient convenable de préparer le sujet de leurs observations par des expériences réfléchies, ou par une attention suffisante; enfin, l'on se contente aisément d'idées superficielles, et l'on cherche rarement à les approfondir, pour voir les effets dans leurs causes, et les causes comme elles sont dans la nature.

C'est pour cela, que le nombre des observateurs est si petit; qu'il y a si peu d'hommes qui aient étudié les phénomènes tombans sous leurs yeux dans le dessein de faire leur histoire: on en est bientôt convaincu, quand on parcourt les collections de Pline, de Photius et de Stobée.

Les observateurs de la nature ont été très-rares chez les anciens; ils ont peu étudié ses phénomènes dans leurs détails; ils se sont voués à la recherche de ce qui leur paraissait le plus utile dans la science, et ils ont abandonné le reste. Ils ont creusé les fondemens de la métaphysique et de l'œsthétique; ils se sont attachés à la morale; ils ont sur-tout fixé leurs regards sur l'éducation, le gouvernement, l'éloquence, les beaux-arts; ensuite ils se sont quelquefois élancés vers la nature; mais ils se sont pour l'ordinaire occupés des objets qui étaient près d'eux, et qui leur étaient utiles. L'homme malade, considéré avec soin, leur a fourni des médecins distingués: la nécessité de chercher des remèdes aux maux qu'ils observaient a fait les botanistes; le besoin de fixer la chronologie les a rendus astronomes ; la culture qui intéresse si fort la prospérité des états, leur a donné des agriculteurs éclairés ; les beaux-arts qu'ils faisaient le sujet de leurs plaisirs, leur ont fait étudier le spectacle de la nature pour le rendre avec sa grandeur, et ils ont su la saisir et la mettre sous les yeux dans leur sculpture, leur peinture et leur poésie.

Les médecins reconnaissent toujours la solidité des observations d'Hippocrate ; ils voient, ils observent encore comme lui, quand ils observent et voient aussi bien que lui. Ce grand homme déploie toujours une exactitude, une précision, une sagacité qui étonnent ; il caractérise soigneusement tout ce qui est essentiel, et il le distingue de ce qui mérite moins d'attention, en marquant l'influence des circonstances particulières. Ceux qui ne sont pas médecins, et qui sont moins dignes de le juger, reconnaissent la justesse de son esprit, et la philosophie de ses recherches, par l'énergie, la profondeur et la netteté de ses pensées, comme par la méthode sévère de ses écrits :

aussi Hippocrate devient le modèle des observations pour la manière d'écrire, de penser et de voir.

Théophraste et Dioscoride sont presque les seuls botanistes de l'antiquité. Le premier est le peintre des fleurs, comme il a été celui de l'homme. Le second, inférieur à tous égards au premier, donne plutôt un dispensaire qu'un ouvrage de botanique. Théophraste joint à ses tableaux quelques remarques physiologiques, qui montrent que la nature était le livre qu'il lisait, et qu'il a su quelquefois entendre.

On trouve quelques observateurs parmi les astronomes anciens, entre lesquels il faut sur-tout compter Pythagore, Philolaus, Hipparque et Ptolomée. Les premiers ont eu assez de génie pour pressentir le vrai système du monde: ce qui fait croire qu'ils observèrent les phénomènes avec réflexion, combinèrent les rapports de leurs observations, et saisirent le sens de la nature, aux travers de ses apparences trompeuses. Ptolomée a observé ; ses observations ne sont pas sans mérite, mais son imagination se fatigua à fabriquer laborieusement un système absurde.

Les anciens fournissent quelques traités d'agriculture, où l'on trouve seulement la pratique de cet art important ; ils ne soupçonnèrent pas que la connaissance de l'organisation des plantes pût influer sur leurs opérations, et à l'exception de quelques remarques sur la forme extérieure des végétaux, que Pline a rassemblées, et qu'on lit sur-tout dans Aristote et dans Théophraste ; ils n'avaient aucune connaissance de l'organisation végétale. On lit encore avec utilité le code agricole de Caton, les leçons de Varron, et sur-tout celles de Columelle, avec les beaux vers des géorgiques de Virgile, qui a revêtu de tous les charmes de la poésie et de l'éloquence cet abrégé de la science des anciens sur l'économie rurale.

On trouve quelques observations isolées dans les historiens qui peignent les phénomènes remarquables, dont ils ont été les témoins. Telle est la description d'une éruption du Vésuve, par Pline le jeune, dans ses lettres. Les poëtes même offrent des peintures, où l'on retrouve la vérité sous l'écorce fabuleuse qui les recouvre, comme Spallanzani l'a fait voir, quand il rapporte les descriptions de l'Etna, par Pindare, et celles de Scilla et de Charybde, par Homère et Virgile.

Les anciens ont fait peu d'expériences proprement dites ; mais il y en a une fameuse que je ne veux point passer sous silence ; c'est celle d'Archimède en se baignant ; ce grand homme remarqua que le volume d'eau qu'il déplaçait était égal au volume de son corps ; en sorte que tous les corps devaient être plus ou moins soutenus par l'eau, et par conséquent que le poids qu'ils perdent lorsqu'ils sont plongés dans ce fluide, n'est point proportionnel à leur poids réel, mais à leur volume, ou plutôt à leur densité. Il trouva dans cette expérience les fondemens de l'hydrostatique, avec les moyens de reconnaître les élémens d'un mélange fait avec des matières dont le poids était connu. Il y a encore quelques expériences bien vues, faites sur l'air par Héro d'Alexandrie. On ne peut douter que les arts pratiqués par les anciens ne fussent le fruit de leurs expériences ; mais il faut avouer que ces expériences étaient trop peu réfléchies, au moins si nous les jugeons, par ce que nous pouvons en connaître, pour les regarder comme l'ouvrage de la science et de la réflexion.

Quand on lit les ouvrages d'Aristote sans préjugés, on s'étonne de la multitude d'observations bien faites qu'ils renferment; il a réuni dans ses livres de physique une foule de faits observés avec exactitude; il a su en généraliser quelques-uns ; en tirer des conséquences lumineuses, et offrir à la postérité, dans son histoire des animaux, le plan philosophique d'un ouvrage qu'il faudrait achever, et appliquer aux autres productions de la nature. Il ne donne pas le dessein de chaque animal, mais il fait l'histoire de l'animalité ; il présente la même partie de tous les animaux sous les points de vue différens qu'elle peut offrir; on y

voit dans des chapitres particuliers la description de toutes les têtes, de tous les
yeux, de toutes les bouches, de tous les
estomacs, etc., que les différentes espèces
fournissent : on y remarque de beaux détails anatomiques; on y apperçoit les germes
et même le développement de diverses découvertes faites par les naturalistes modernes,
qui n'imaginaient guères avoir été prévenus
par Aristote, et qui auraient cru perdre
leur temps en lisant les ouvrages de ce
grand homme. Il faut l'avouer, sa métaphysique et sa logique ont une forme ré-
voltante, que les progrès de ces deux
sciences font encore mieux sentir, mais
elles renferment pourtant quelques-unes des
grandes idées dont ce siècle s'honore. On
ne sait pas que ce génie vaste avait
eu [des idées sur le sexualisme des plantes,
de même que son disciple Théophraste; (a)
qu'il avait remarqué l'étiolement, et cherché
à l'expliquer; (b) qu'il regardait le calorique

(a) En divers endroits.
(b) Liber de coloribus. C. II.

comme la cause de l'évaporation (a); qu'il voyait dans l'évaporation des eaux la source des fleuves et des fontaines (b). Il donne la description des œufs couvés depuis le commencement de l'incubation jusqu'à la fin du développement du poulet (c). Il trouve que les sens sont mis en mouvement par un milieu propre à produire cet effet (d). Il soupçonne que l'air se combine dans le poumon (e) Il prouve la pesanteur de l'air (f). Je m'arrête : mais en voilà assez pour encourager à lire Aristote.

Je ne dis rien ici des Grecs du moyen âge, ni des Arabes : ces siècles furent ceux de la décrépitude de l'esprit humain; on y rêva beaucoup ; on y parla encore plus ; mais on ne pensa presque point ; il semble qu'aucune idée un peu forte n'a surnagé. On voulut

---

(a) Meteorolog. Lib. I. C. IX.
(b) Meteorolog. Lib. I. C. XIII.
(c) Hist. animal. Lib. VI. C. III.
(d) De anima. Lib. II. C. VII.
(e) De spiritu. C. II.
(f) De cœlo. Lib. IV.

voulut créer la nature, et il ne faut pas s'étonner, si on la fit alors aussi ridicule et aussi absurde.

Au renouvellement des sciences, une nouvelle lumière prépare de nouvelles pensées, et l'examen de toutes celles qu'on avait eues. Quelques beaux génies qui devancèrent leurs siècles, en inspirant le goût du savoir, inspirèrent la méthode propre pour devenir savant. Roger Bacon en Angleterre, quelques astronomes, quelques médecins, quelques théologiens, et sur-tout plusieurs littérateurs, s'occupèrent de la réconstruction des sciences; à cette heureuse époque, où le voile commençait à se déchirer, les esprits furent rendus attentifs par les plus grands événemens; l'Europe fut secouée à la fois par les guerres les plus sanglantes, par les controverses religieuses les plus acharnées, par les découvertes les plus brillantes et les moins attendues, comme celles de l'Amérique et de l'imprimerie: aussi l'on vit de toutes parts les ténèbres disparaître, et le jour se répandre avec autant de promptitude que d'éclat.

Descartes enfin montra la route qu'on devait suivre ; sa méthode découvrit la partie la plus importante de la logique ; il joignit l'exemple au précepte, et il étonna son siècle par ses efforts et ses succès Dans ce moment l'Europe frappée d'admiration s'anime ; par-tout on voit de puissans génies brisant les entraves superstitieuses de l'ancienne philosophie. La nature devient un livre qui est plus à la portée de chacun ; elle seule est consultée, et comme elle seule renferme le dépôt de nos connaissances ; comme ce dépôt n'était point inviolable, on sentit qu'il renfermait les moules de nos idées, et qu'il fallait y chercher la science, qu'on prévoyait : ce fut aussi là qu'on la trouva, et qu'on la trouvera toujours. Tous les hommes furent entraînés vers ces rayons lumineux qui éclataient de toutes parts, et l'on étudia la nature, comme elle pouvait seulement être bien étudiée. Le chancelier Bacon qui avait profondément médité la révolution que les sciences allaient subir, traça les grands moyens de la réaliser, et il fit jaillir au milieu du crépuscule, où il vivait, la lumière vive qui devait éclairer les siècles suivans.

Ce n'est point cette série d'hommes, d'idées, de découvertes, que je veux analyser; quoique ce tableau fût très-intéressant et très-utile, il serait trop vaste pour le but que je me propose; mais comme l'histoire philosophique de cette époque de la science serait fort instructive; comme elle influerait sûrement sur les progrès actuels de nos connaissances; comme elle pourrait diriger de bons esprits dans la recherche de la vérité; comme elle pourrait augmenter le nombre de ceux qui ajoutent quelques idées à la masse de celles qui sont répandues, je souhaite ardemment que quelque savant physicien ou naturaliste s'occupe de ce travail important.

Mon but est à présent de faire une espèce de tarif des observateurs, d'estimer leur mérite et l'influence qu'ils peuvent avoir sur la science, d'après leurs ouvrages. Tout ce que j'ai déjà écrit doit servir de bases à mes jugemens, et si les principes que j'ai posés sont solides, mes jugemens doivent mériter quelque confiance.

Il s'agirait donc ici de faire une nomenclature des observateurs, de les passer en revue; cela pourrait amuser la malice de quelques lecteurs; mais je ne me propose point ce but; je me contenterai d'en indiquer quelques classes, et de désigner les chefs de quelques espèces; les autres pourront aisément se placer dans cette classification. Je puis traiter à mon gré avec les morts; je n'expose que ma manière de juger; mais il n'en serait pas de même avec les vivans, que je pourrais blesser mal à propos, ou qui ne sont pas assez connus pour pouvoir leur rendre la justice qu'ils méritent; aussi comme je serais forcé d'en nommer quelques-uns; j'indiquerai seulement ceux que leurs contemporains dénoncent déjà à la postérité comme devant lui appartenir; mon silence sur plusieurs qui auraient les mêmes droits ne peut être regardé comme un oubli ou un jugement; il fait connaître seulement l'heureuse impossibilité où je suis de nommer tous ceux qui se sont distingués, ou qui se distinguent encore.

On découvre le génie et le caractère

des observateurs dans leurs observations par la méthode qu'ils ont suivie; leurs opinions, leurs pensées les déterminent; ils suivent l'impulsion de leur ame et des circonstances. On peut dire que les grands observateurs sont nés avec les dispositions propres à leur faire parcourir cette grande carrière d'une manière utile et brillante.

Le genre des observations influe sans doute sur la manière d'observer; mais il y a pourtant une méthode et des procédés communs à toutes les bonnes observations. Le nombre des observations bien faites, leur originalité, leur importance, leur exposition seront les fondemens de la nomenclature que je propose:

On pourrait réduire à cinq classes les observateurs : 1.º Ceux qui s'occupent de quelques objets plus ou moins particuliers. 2.º Quelques-uns observent à l'aventure, sans suite; ils sont déterminés par les circonstances. 3.º Il y a des observateurs qui se bornent à l'étude des faits sans en tirer aucune conséquence. 4.º D'autres font des observations et des expériences pour appuyer leurs opinions. 5.° Enfin, il y en a qui observent avec soin, qui poursuivent pied à pied la nature sous les voiles, dont elle se couvre, et qui établissent de belles théories fondées sur leurs observations et leurs expériences.

On pourra facilement trouver d'autres caractères généraux; mais il me semble qu'ils doivent rentrer plus ou moins dans ceux que je viens d'indiquer. Je remarquerai seulement qu'il est aisé de faire de pareilles divisions pour rassembler dans leurs districts les objets qui les font imaginer; les différentes nomenclatures d'histoire naturelle, et de bibliographie en sont la preuve. En général, pour évaluer le mérite des observateurs, il faut qu'ils se distinguent par l'invention, et que la force de leur imagination soit soumise à une logique sévère : il faut même encore que cette imagination puisse combiner les idées qu'elle forme, rapprocher les rapports les plus éloignés, former un système dont les faits soient les matériaux, et dont l'arrangement soit le fruit d'une raison mûre et solide.

I. Les observateurs sont souvent déterminés par le choix de leurs observations,
qui peut être l'effet des circonstances,
suivant l'impression qu'elles font sur eux,
et par conséquent suivant leurs goûts, leurs
caractères et les idées qu'ils peuvent avoir.
Il semblerait quelquefois qu'il y a des rapports secrets qui fixent les sens, sans pouvoir déterminer les causes qui les produisent, et qui leur donnent une énergie déter-
minante : l'esprit saisit pour l'ordinaire avec
avidité, ce qui lui plait, parce qu'il recherche toujours, ce qui lui promet de l'agré-
ment ; c'est ce qui fait croire qu'on est né
pour un certain genre d'occupations, parce
qu'elles peuvent promettre ou du plaisir ou
des succès. Lambert faisait des observations,
astronomiques et pyrométriques, avant de
savoir qu'il y eut une astronomie et une
pyrométrie ; mais la régularité du mouvement des astres, et le désir de soumettre à
des loix bien déterminées les effets du feu
l'engagèrent à considérer ces deux objets,
quoiqu'il ignorât les méditations des philosophes sur ces grands phénomènes. Bonnet
devint naturaliste en lisant le *spectacle de la*

nature, quoiqu'il ne put soupçonner encore, qu'il y eut une histoire naturelle. Mais son esprit d'analyse le portait à pénétrer les procédés des êtres organisés dont il était le témoin. Stone devina la géométrie en taillant des pierres, il remarqua des rapports dans les grandeurs qui émurent son esprit, et qui lui en firent trouver d'autres propres à exciter son ame à en chercher de nouveaux, Il en est de même pour tous ceux qui se sont distingués dans cette carrière. Villars est le botaniste de la nature; c'est dans les jardins qu'il a pris ce goût pour les plantes; c'est ce goût vif qui lui a fait vaincre les plus grands obstacles, qui lui a fait faire cette belle description des plantes du ci-devant Dauphiné, où l'on trouve des observations précieuses et des remarques échappées à ses devanciers.

II. Quelquefois les phénoménes généraux du monde fixent les regards des observateurs; quelquefois ce sont les phénomènes particuliers; quelquefois même ils s'arrêtent à l'étude des objets les plus petits. L'astronome s'occupe peu pour l'ordinaire des objets terrestres, Bradley s'est borné à l'observation des astres. Herschel voudrait avoir une autre vie à consacrer à l'étude du ciel, C'est un fait remarquable que la plupart des hommes, qui se sont illustrés dans quelque genre d'observations se sont bornés à un genre unique. Lyonnet n'a étudié que les insectes, et surtout la chenille du saule. Reaumur joignit l'étude des insectes à celle des arts. Duhamel qui s'était surtout dévoué à l'étude de l'organisation des plantes y trouvait des motifs pour étudier celle des animaux. Spallanzani s'est surtout occupé de quelques phénomènes de l'économie animale et végétale ; mais on a vu Maraldi quitter le télescope pour le microscope et après avoir observé le ciel, étudier les abeilles et se livrer à l'agriculture. Il y a des génies vastes qui peuvent tout connaître ; Desaussure fait des découvertes capitales dans la physiologie végétale ; il perfectionne, il invente plusieurs instrumens précieux de physique ; il crée une nouvelle science, l'hygrométrie, et il fournit à la géologie une suite de faits importans.

On est observateur quel que soit le fait qu'on étudie, quand on le suit avec attention ; ces mots de *grand* et de *petit* sont tout à fait relatifs aux circonstances. Les faits les plus petits en apparence annoncent des découvertes capitales. On ne soupçonnait pas que les petites attractions observées en approchant un corps léger d'un morceau de cire, ou de verre frottés, mettraient dans nos mains le tonnerre, et que la bulle de savon qui amuse les enfans renfermât les secrets de l'optique. Il faut pourtant reconnaître, que les observateurs qui étudient ces faits capitaux, qui y lisent les loix de la nature, sont plus utiles aux progrès de la science, que ceux qui travaillent à éclaircir un petit fait, un petit phénomène dont l'influence né saurait être considérable. Quand Desaussure poursuit les secrets de l'hygrométrie, il est bien plus utile à l'histoire naturelle, et à la physique, que lorsque Lyonnet fait remuer 4,000 muscles dans une chenille de 8 centimètres ou trois pouces de longueur.

III. Il y a des observateurs qui ont fait leurs observations, sans les avoir préparées, le moment seul les a décidés. Un objet les frappe, leur curiosité s'intéresse, ils l'étudient; si l'objet n'a pas été observé, il peut fournir des idées neuves et lumineuses: c'est ainsi qu'on a trouvé l'or fulminant, le phosphore, le bleu de Prusse. Ces découvertes sont restées stériles dans les mains de leur inventeurs : faites sans but, elles n'ont répandu aucune lumière ; mais l'œil du génie les a ensuite vivifiées, et les a placées avantageusement dans le système de nos connaissances ; c'est un grand mérite d'avoir su reconnaître ces faits, et de les avoir mis à la disposition de ceux qui pouvaient les employer. On a donné une explication satisfaisante de l'or fulminant; le phosphore joue un grand rôle dans les progrès rapides de la nouvelle chimie, de même que le bleu de Prusse.

IV. On peut voir souvent les faits sans pénétrer les vérités qu'ils renferment ; cela arrive quelquefois aux meilleurs observateurs : mais ceux qui manquent de génie, en fournissent presque toujours l'exemple ; qu'importe si l'explication vraie leur échappe,

ils auront remarqué ce qui mérite l'attention ,
et leur erreur recommandera le fait à ceux
qui voudront l'étudier après eux. Reaumur ,
Bonnet, Spallanzani se sont saisis des faits
mal observés par d'autres, et ils y ont trouvé la vérité que les premiers observateurs
n'avaient pas pu voir.

Parmi les observateurs, il y a quelquefois des hommes de génie, qui savent découvrir les faits, rassembler ceux qu'on a trouvés;
mais dont l'imagination se plait davantage
à créer des combinaisons qui la flattent,
qu'à chercher celles que la nature sait préparer. Je suis bien éloigné de leur soupçonner le désir de tromper , quand ils racontent ce qu'ils ont cru voir ; mais serait-il
étonnant qu"ils voulussent égarer les autres ,
après avoir été aveuglés par leur égarement.
Je n'en citerai qu'un exemple, mais comme
il est fourni par un des plus beaux génies
de ce siécle, et par un des savans les plus
célèbres , il sera plus propre à faire impression. Buffon qui s'est assuré la première place
par son éloquence parmi les historiens de la
nature , ne peut prétendre à la même gloire ,

lorsqu'il veut dévoiler ses secrets ; ses deux systèmes sur la théorie de la terre et sur la génération , sont insoutenables ; il s'est trompé en suivant la marche de son esprit sans la combiner avec celle de la nature ; il n'avait pas assez étudié les phénomènes pour les généraliser ; et il saisissait les observations des autres , quand elles appuyaient son opinion , avant de s'assurer, si elles étaient rigoureusement exactes. Voilà pourtant ce beau génie qui a osé former le projet de peindre la physionomie et les mœurs de plusieurs centaines d'espèces d'animaux. Voilà cet homme éloquent qui a su trouver dans son intelligence et dans sa langue le moyen de réussir dans cette entreprise peut-être impossible à d'autres ; il sera toujours le peintre sublime de tous ces êtres si semblables et si différens ; mais il ne saurait être le philosophe , exact scrutateur des mystères' de la nature et révélateur fidèle de ses sublimes formules.

V. Cet homme seul sera vraiment un grand observateur , qui verra les faits tels qu'ils sont ; qui distinguera dans un phénomène, ce qu'il a d'essentiel, qui en tirera les conséquences importantes, qui les liera avec l'univers par leur vrais rapports, et qui en généralisant ses idées retrouvera partout les preuves de la solidité de ses observations. Il faudrait raconter ici les travaux des grands observateurs, rappeler leurs grandes pensées ; mais pour les montrer dans leur éclat, il faut lire les ouvrages de Newton, de Reaumur, de Trembley, de Franklin, de Spallanzani, de Lavoisier. Je me bornerai à présent à quelques remarques, qui me fourniront des traits pour juger les autres observateurs.

Le philosophe qui remarque une propriété dans un corps ne s'imagine pas qu'elle lui appartienne exclusivement. Quand Beccari eut découvert la propriété phosphorique de quelques substances, il la chercha avec plus de soin dans les autres, et il la découvrit dans un très-grand nombre. Quand Spallanzani connut les découvertes de Bonnet sur les vers de terre qui reproduisaient leurs parties coupées, il essaya si divers autres vers, si les limaçons, les salamandres auraient aussi ce privilége ; il remarqua que les limaçons avaient celui de reproduire leur tête, lorsqu'elle avait été coupée, et que les salamandres reparaient les pattes et la queue qu'on leur enlevait. C'est en recherchant à retirer les gaz de diverses matières, que Priestley obtint le gaz oxygène, les gaz salins etc. Il ne faut pourtant pas croire que les essais de ce célèbre physicien fussent des tâtonnemens incertains, ils étaient vraiment pour l'ordinaire les épreuves de la raison. C'est en marchant sur les traces de ces grands hommes qu'on fera des tentatives utiles, et qu'on se préparera les mêmes succès.

Une des plus belles ressources de l'art d'observer, c'est de pénétrer au travers des faits particuliers, jusqu'à ceux qui sont les plus généraux. Newton dans son livre des principes mathématiques, après avoir considéré la loi de la chûte des corps sur la terre, en cherche les effets dans les corps circulans autour d'un centre ; il s'élève ainsi jusqu'à la lune, où il reconnaît les effets de la gravité analogues à ceux que l'expérience lui avait découvert ; il les trouve de même dans les planètes et les comètes ; il redescend ensuite sur la terre , où il les apperçoit sur tous les corps lancés dans l'air ; il les mesure de même dans le flux et le reflux de la mer ; il les observe dans la figure de la terre. Les expériences les démontrent dans tous les corps. Huyghens les applique heureusement à la mesure du temps. Mais, on est forcé de reconnaître que la gravitation des corps est universelle, et que son empire est souverain dans l'univers. Spallanzani se plait ainsi à généraliser ses observations ; quand il eut découvert que la digestion s'opérait dans les oiseaux par le moyen du suc gastrique , il chercha si elle pouvait s'opérer de même dans les quadrupédes , les reptiles , les poissons, et l'homme. Cet observateur établit l'animalité des animalcules d'infusions en faisant sentir leurs rapports avec les animaux connus sous tous les points de vue les plus importans.

L'observateur qui ne sait voir dans le fait qui l'occupe, que le fait lui-même ; n'a fourni de cette manière qu'un fait pour le

progrès

progrès de nos connaissances : celui qui sait rattacher ce fait à tous les autres, ou à un grand nombre d'entr'eux, peut seul saisir le mot de la nature ; mais il faut que les yeux de l'ame soient aussi clairvoyans que ceux du corps, et qu'ils puissent percer au-delà du petit horizon qui les borne. Haller fit une grande découverte quand il saisit l'irritabilité des muscles ; mais il la rendit plus importante, quand il démontra que cette propriété était le ressort de l'économie animale ; on ne ferait peut-être pas une découverte moins utile, si l'on démontrait la liaison des phénomènes magnétiques et électriques avec les lois de l'univers.

Je ne sais si je me trompe, mais c'est une caractéristique des grands observateurs de faire seulement un petit nombre d'observations capitales sans replique, mais fécondes en conséquences importantes. Toute l'optique de Newton est fondée sur la différente réfrangibilité des rayons. Tout le système de Franklin repose sur l'équilibre, où se met le fluide électrique dans les corps qui n'en possèdent pas la même quantité lorsqu'ils se rencontrent.

Les grands observateurs se distinguent de cette manière, parce qu'ils jugent le prix des idées et des faits qui les occupent; ils ne s'arrêtent pas à compter les feuilles d'un arbre, où les poils d'un insecte; mais ils fixent d'abord leurs regards sur tout ce qui est important, et ils y trouvent ces conséquences lumineuses qui forment une grande théorie. Quand Lavoisier eut saisi l'oxidation des métaux par leurs affinités avec l'oxygène dans une haute température, il y trouva l'explication de l'augmentation du poids dans les métaux oxidés, la cause de leur réduction, la formation des acides etc.: il créa une nouvelle chimie. Les phénomènes particuliers ne sauraient renfermer de grandes idées, et servir de bases pour l'intelligence des phénomènes généraux; aussi le génie qui s'élève d'abord à tout ce qui est grand, renvoie à d'autres l'examen des petits détails, ou du moins il ne s'attache pas à eux pour commencer ses recherches.

Les méthodes des grands observateurs leur sont particulières, ils ont leurs routes pour arriver à la vérité ; ils ne décrivent pas autour d'elles de longues spirales ; ils y courent en lignes droites ; on admire les méthodes de Newton, de Reaumur, de Trembley, de Spallanzani ; en ouvrant leurs ouvrages, on reconnaît la sagacité et la profondeur de leur génie.

En combinant les unes avec les autres ces différentes classes d'observateurs, en variant dans cette combinaison le nombre des caractères, ou leur intensité ; il sera facile de faire une nomenclature, où chaque observateur trouvera une place ; mais je me garderai bien de l'achever.

CHAPITRE VII.

Sur le charlatanisme des Observateurs et de ceux qui font des expériences.

QUOIQUE ce chapitre soit très-court, la matière pourrait en être fort ample. Il y a lon-gtemps qu'on a parlé du charlatanisme des savans; il se modifie suivant leurs études, et l'on n'a rien dit de celui des naturalistes. Il convient peut-être de prévenir les novices sur ce sujet, non-seulement pour les garantir de ce défaut, mais surtout pour les empêcher de s'effrayer par des difficultés imaginaires, et pour les engager à se défier des preuves prétendues, qu'on pourrait leur donner. Je me bornerai à indiquer quelques-uns des cas où ce défaut peut se manifester.

On a vu quelques physiciens chimistes

multiplier sans nécessité leurs expériences, faire des combinaisons inutiles qui n'ôtent ou n'ajoutent rien à ce que l'on avait déjà établi, ou à ce qu'ils avaient eux-mêmes trouvé, qui les nuancent faiblement pour les numéroter par centaines et par milliers; on se plaint de la peine qu'ils ont prise sans utilité, et de celle qu'on prend après eux sans profit.

Il y a de même d'autres savans qui en classant les expériences qu'ils ont faites pour leur instruction, les intitulent toutes séparément. Certainement l'ordre est toujours précieux, et une filiation d'expériences suivies est une source de plaisir, quand chacune d'elles apprend quelque chose de nouveau, et quand elles s'éclairent réciproquement; mais, quand le fait principal est isolé tout seul; quand les autres faits ne servent pas à le rendre plus saillant; quand ils n'offrent rien qui soit capital; on ne trouve dans cet appareil qu'une ostentation stérile, et si cette chaîne n'est pas étroitement liée, tous ces chaînons désunis forment un chaos qu'il n'est pas aisé de débrouiller.

Ne pourrait-on pas mettre dans une classe voisine, ceux qui affichent dans les résultats de leurs expériences et de leurs observations, une rigueur qui passe toute conception, et qui paraît si difficile à concilier avec la nature des procédés et des instrumens : ainsi, par exemple, on considère les différens sels qui se forment pendant l'opération, lorsqu'ils sont complétement desséchés, et l'on ne tient pas compte de l'eau de crystallisation, comme Giobert l'observe fort bien dans son ouvrage *sur les eaux sulfureuses et thermales de Vaudier.* Mais on rencontre mille preuves de la difficulté extrème d'établir les quantités réeles des produits chimiques par le moyen de l'action des réactifs dans *l'analyse chimique de l'eau sulfureuse d'Enghien* par Fourcroy, j'en ai déjà parlé; mais il faut pourtant se souvenir que l'exactitude doit être toujours poussée aussi loin qu'on peut l'atteindre, et qu'on juge quelquefois témérairement l'adresse et l'habileté des observateurs, quand on n'a pas leur habitude, leurs moyens et leurs talens.

Enfin il faut encore parler ici de ceux

qui annoncent des expériences et des observations présumées, ou qui en indiquent qu'ils doivent faire, tandis qu'ils ne les feront jamais.

Ceux qui lisent Newton s'étonnent de sa simplicité et de sa modestie; ils s'étonneront moins en réfléchissant que la modestie et la simplicité ont toujours été les traits distinctifs du génie. Reaumur n'a jamais tout vu et tout observé. Il dit souvent *je n'ai pas pu remarquer ceci*, *il m'a été impossible de voir cela*, et lorsque certains faits intéressans pourraient justifier quelques soupçons ingénieux, il dit même : *j'ai négligé cette observation*.

CHAPITRE VIII.

Application des principes et des moyens indiqués dans cet ouvrage à l'étude des Belles-lettres.

———

S1 les principes que j'ai posés pour montrer les fondemens de l'art d'observer sont solides; si les détails dans lesquels je suis entré pour faire connaître la pratique de cet art sont exacts; si les qualités que j'ai exigées de l'observateur de la nature qui veut avoir des succès sont nécessaires; si les moyens que j'ai indiqués pour faciliter les observations sont utiles; si les méthodes que j'ai prescrites pour tirer parti des observations déjà faites et de celles qu'on peut leur ajouter sont heureuses; si les dangers que j'ai fait craindre à ceux qui courent cette pénible carrière sont réels; si les obstacles

qu'on doit y rencontrer ne sont pas imaginaires ; enfin, si les ressources que j'ai offer-
tes pour les vaincre ont quelque efficace,
quelque énergie ; il est bien probable que ces
considérations doivent avoir la même importance pour la plupart des autres sciences,
qui sont toutes plus ou moins fondées sur
l'observation et perfectionnées par elle. De
sorte que tout ce que j'ai dit sur les sciences naturelles pourrait être également appliqué aux autres. J'aurais sans doute pu
faire sentir ceci à chaque page, en variant
mes exemples, mais comme il m'a paru
que ces exemples étaient plus frappans,
lorsqu'ils étaient tirés des objets qui fixaient
immédiatement les sens, j'ai laissé au
lecteur le plaisir de cette application,
parce qu'il est aisé de comprendre, que
chacun peut appliquer tout ce que j'ai dit
à l'objet dont il s'occupe, en y faisant les
légers changemens que la nature des sujets
doit exiger.

Cependant, pour rendre ceci plus sensible,
j'ai cru convenable d'en donner quelques
exemples, et de les choisir dans les matières

qui pouvaient paraître les plus éloignées de la matière que j'ai traitée. Je tire donc cet exemple de la critique, ou de l'étude réfléchie des belles lettres considérées sous leur divers point de vue. Qu'on me permette de souhaiter ici, qu'un profond littérateur entreprenne pour cette belle partie des sciences un ouvrage de ce genre, et qu'il l'enrichisse de toutes les idées, que les beaux génies qui ont défriché le champ des belles lettres ont pu avoir. Si quelque chose pouvait réconcilier notre siécle avec la littérature ancienne, ce serait sans doute cette érudition philosophique, qui, en proscrivant la pédanterie fastidieuse qu'on a introduite dans cette science, ferait briller la vive lumiére, que la logique et l'art d'observer y ont répandue.

En réfléchissant sur la nature de ce qu'on appelle LE GOUT, on trouvera bientôt qu'il est le résultat des observations fines qu'on a faites dans la nature, pour y saisir mille rapports qui échappent souvent à la plupart des hommes, mais qui fournissent au grand écrivain, au grand peintre etc. les beaux traits qui animent leurs ouvrages , et qui deviennent alors sensibles pour ceux qui n'auraient pas su les découvrir avec leur sens dans la nature ; c'est ainsi qu'Homere et Sophocle chez les grecs , Virgile et Horace chez les Latins , Racine et La Fontaine parmi les Français ; Milton et Pope chez les Anglais , le Tasse et l'Arioste chez les Italiens , se sont pour ainsi dire fait une langue particulière par leur manière de rendre des idées qu'ils voyaient plus nettement , et de peindre des rapports ou des nuances qui avaient été inapperçues jusqu'à eux. La justesse de leurs expressions , la vérité de leur coloris ont frappé leurs lecteurs ; et ces expressions , ces couleurs ont passé dans la langue.

Il me semble que le fameux *qu'il mourut* du vieil Horace n'est si sublime , que parce qu'il est le dernier sentiment d'un citoyen qui avait vieilli pour aimer toujours davantage sa patrie , et parce qu'il est le résultat des sentimens profondément patriotiques de cet illustre Romain, développés sans cesse pendant toute la pièce ; afin de monter les esprits à ce degré d'enthousiasme, qui ne permettait plus de voir que Rome et ses dangers , et qui ne laissait sentir que le besoin de la sauver et le bonheur de concourir à son salut. Corneille , pénétré plus qu'un autre de ces beaux sentimens, trouva le mot; et ceux qui le lisent , comme ceux qui l'entendent , en admirent l'énergie ; mais il fallait avoir observé tous les rapports de la patrie avec le citoyen; avoir connu les devoirs qu'ils imposent , s'être représenté leur grandeur et leur importance , dans un moment où l'on apperçoit la patrie qui succombe , et où toutes les autres relations s'anéantissent, pour se livrer à la violence de la douleur, et prononcer ce cri de la passion exaltée, qui retentira dans tous les cœurs de tous les temps et de tous les lieux, lorsqu'on lira ce chef-d'œuvre du père de la tragédie française.

Ce goût, qui se varie suivant le genre de littérature auquel on s'applique, devient le sens particulier du littérateur ; il le dirige pour l'interprétation des passages difficiles, en lui montrant la signification qu'ils renferment , par les rapports que les mots rapprochés prennent dans ces rapprochements ; il l'éclaire pour la restitution des passages, en lui faisant soupçonner les variantes qui conviennent le plus au sujet, ou celles qui sont les plus probables, ou enfin le mot qui remplirait le mieux le but de l'auteur ; il lui découvre l'âge des manuscrits par les comparaisons qu'il fait des manuscrits dont il s'occupe avec ceux qu'il a pu connaître : il lui apprend les dates des livres anciennement imprimés, lorsqu'elles n'y sont pas clairement indiquées : il le met sur la voie pour compléter des inscriptions, que le temps a rongées en partie ; il lui fait déchiffrer les légendes des médailles à demi effacées ; il lui fait juger le mérite des historiens, et apprécier leur véracité.

Mais, si ce sens n'est pas pour l'ordinaire toujours prêt à agir dans tous les hommes, comme la vue, ou l'ouïe, il existe pourtant avec plus ou moins de sensibilité dans le jugement de chacun, et il s'accroît suivant le degré des qualités que j'ai cru nécessaires à l'observateur ; il peut même acquérir une énergie toujours croissante, à mesure que le jugement se perfectionne, et que les qualités indispensables pour bien observer sont plus exercées.

On a déjà pu juger combien était considérable l'assortiment des connaissances que doit avoir le grand littérateur; mais on le sentira bien mieux, si l'on réfléchit que les connaissances sont les bases des rapports nombreux qu'il aura à saisir dans ses recherches, et par conséquent les sources des découvertes qu'il pourra faire. Il faut qu'il devienne pour ainsi dire le citoyen de tous les temps et de tous les lieux, pour pouvoir s'y transporter, et se trouver familier avec les événemens qui s'y passent, afin de l'être avec les expressions qu'on y employait, avec les usages et les mœurs dont la langue porte l'empreinte, avec les faits qui la modifie souvent; avec les hommes qu'elle peint et les circonstances qu'elle fait connaître. La langue de Tacite ou de Pline n'est point celle d'Ennius ou de Salluste. Il faudrait même que le littérateur eût une connaissance approfondie de toutes les langues, pour saisir leurs analogies, afin d'ex-

pliquer les passages difficiles de l'une , par
les passages synonimes d'une autre ; combien
de phrases grecques ont donné l'intelligence
de passages latins et réciproquement dans
les meilleurs auteurs, comme Horace et
Pindare , Homère et Virgile. L'étude de
l'histoire naturelle et de la physique ne
doit pas lui être étrangère ; on sait avec quel
génie et quel succès Newton fixe la chronologie par le calcul des éclipses, et la
durée de la vie moyenne des princes d'un
état et des générations pendant une longue
suite d'années. Il faudrait détailler ici l'explication lumineuse que De Mairan a donnée d'une médaille d'Auguste par le calcul
de la fameuse comète qui parut à la mort
de César, et comment il fixe par ce moyen
le temps des jeux de Vénus. Enfin c'est
avec le secours de la lithologie que Dolomieu
essayait de juger l'âge des statues, par la
nature de la pierre avec laquelle elles étaient
faites. Il croyait par exemple que l'Apollon
du Belvédere avait été sculpté dans le marbre de Carrâre; d'où il conclut que cette
statue n'a point été faite en Grèce, ni dans
le temps où les arts y fleurissaient le plus,

puisque la carrière de ce marbre ne fut ouverte que du temps d'Auguste; il prouve de même que quelques membres de diverses statues ne leur appartenaient pas originairement, parce qu'ils sont faits avec des marbres différens de celui du tronc.

Il ne faut pas beaucoup de réflexion pour se persuader que le critique le plus habile doit être le meilleur observateur de tous ces rapports : s'il est interprète, il doit avoir observé soigneusement le génie de son auteur, et le genre d'ouvrage qu'il veut traduire : s'il veut restituer un passage, il faut qu'il connaisse le sens des mots employés par l'écrivain: s'il établit l'authenticité d'un livre, il faut qu'il trouve les rapports du livre avec celui qui l'a composé, avec les mœurs et le style de son pays et de son siècle, avec la tradition écrite qui doit en parler depuis la publication de cet écrit, jusques à nos jours. Il faut s'assurer par les moyens de la palœographie que les manuscrits anciens n'ont été ni tronqués ni altérés. Il faut estimer la crédibilité des faits par leur possibilité, par le poids, le nombre, les qualités,

les

les mœurs, les intérêts et le concert des témoins, comme par les objections, la variété des récits des contradicteurs ; enfin il faut juger les historiens par leurs passions, leurs partis, leurs positions et diverses autres considérations qui ont pu influer sur leurs relations.

On adressa au savant Valois un morceau de Petrone découvert à Trau en Dalmatie ; il prouva bientôt sa supposition par les mots inconnus et barbares qu'il y remarqua, par l'usage d'autres mots inusités du temps de ce poëte, par le genre même des mots qui était changé, comme *cœlus* qui était masculin et par des phrases mauvaises *planctus est optime* il a été pleuré.

Le même Valois se prescrivait pour l'histoire, de ne rien avancer sans autorité, de préférer les auteurs anciens aux modernes, et de se décider en faveur du récit qui avait pour lui le plus grand nombre d'historiens. Quand les contemporains, comme le cardinal de Retz et le Duc de la Rochefoucault, ennemis l'un de l'autre, confirment le même fait dans leurs mémoires ; ce fait est incontestable : quand ils se contredisent, il faut douter. Ce qui n'est pas vraisemblable ne saurait être cru , à moins que plusieurs auteurs contemporains dignes de foi ne l'appuient par leurs récits , et l'on trouve assez souvent vrais des faits invraisemblables. Procope satyrise Justinien dans son histoire secrette , et contredit son histoire publique : je ne crois ni l'une ni l'autre de ces histoires ; parce qu'il a surement menti dans l'une des deux , ce qui lui ôte ma confiance.

Je m'arrête encore un moment sur l'importance des observations dans la critique. On n'a pas assez réfléchi sur la nécessité de connaître les mœurs des peuples , pour juger leur influence sur leur langage ; d'approfondir les usages des nations pour découvrir le sens des termes qu'elles emploient ; d'étudier leur philosophie , leur religion , leurs préjugés , leur esprit national , pour y découvrir le sens de leurs phrases. Chaque état devrait avoir son dictionnaire particulier , où l'on pourrait remarquer les différentes modifications , que les mots ont subies pendant la suite des siécles. On y reconnaîtrait sans doute l'empire du climat, du gouvernement, des loix , des sciences, des préjugés , des professions sur le langage, sa prononciation et son coloris. Ce serait un beau mémoire pour l'histoire de la grammaire , que celui qui montrerait les différentes acceptions que les mêmes mots ont reçus pour le sens et le son, des diverses circonstances, où se sont rencontrées les personnes qui ont écrit dans tous les temps sur le même sujet dans la même langue. On remarque généralement., que les plus grands écrivains ont habité les capitales. Michaelis a donné un beau chapitre de l'ouvrage que je propose dans une dissertation *sur l'influence du langage sur les opinions et des opinions sur le langage.* On y voit que la perfection des langues a suivi celle des arts , que leur abondance , leur sublimité , leur harmonie se lisent dans les chefs-d'œuvres des artistes. La langue Grecque a charmé les oreilles de ceux qui virent la peinture, la sculpture, l'architecture, la musique près des limites de leur perfection. La langue Italienne a brillé avec les plus grands

artistes que l'Italie a enfantés. Corneille ,
Racine , Boileau , La Fontaine ont vécu
avec Le Brun , Le Sueur, Poussin et Perrault.

Quoique les travaux du physicien , du
naturaliste paraissent d'abord plus difficiles
que ceux du littérateur , il me semble pourtant que les premiers sont plus avantageusement placés pour obtenir de grands succès. Ils sont au milieu des effets dont ils
recherchent les causes ; ils les voient s'opérer
sous leurs yeux ; ils apperçoivent les rapports
qui dévoileront celui qu'ils étudient : au
lieu que le littérateur est souvent forcé de
rebrousser au travers des siécles écoulés,
pour y rechercher les élémens des solutions
qu'il désire, et d'errer dans le vague des
suppositions avant d'entrevoir quelque lueur.

Cependant le naturaliste et le littérateur
sont également obligés d'avoir des idées
claires sur les objets qui ébranlent leurs sens ,
et de les présenter aux autres d'une manière
évidente.

On comprend ainsi combien le littérateur

a besoin du flambeau du génie, pour s'éclairer et pour féconder le champ ingrat qu'il exploite; il faut presque toujours saisir des analogies fort éloignées; trouver dans quelques passages d'auteurs l'explication d'une pierre gravée, ou d'une médaille; chercher dans l'une et l'autre le sens d'un passage obscur; fixer par quelque événement céleste la date d'un fait important. Wood, en considérant le spectacle que la nature fournit sur les côtes de l'Ionie, y découvre la patrie d'Homère, sur laquelle on a disputé depuis tant de siécles; parce que les tableaux que ce poëte sublime a peint sont toujours ceux qu'on apperçoit depuis les rivages de ce beau pays.

Le scepticisme, qui accompagne le vrai savant dans ses recherches et qui lui fournit les moyens d'assurer ses découvertes, est surtout nécessaire au littérateur qui peut rarement donner des preuves évidentes de ses opinions, soit qu'il veuille trouver des dates omises par les historiens, soit qu'il veuille rendre le sens de quelques mots rarement employés, ou faire connaître les animaux, les plantes, les pierres dont les anciens parlent, comme on s'en apperçoit aisément lorsqu'on lit surtout les ouvrages d'Aristote et de Pline.

Le littérateur peut pourtant quelquefois fortifier la confiance qu'il donnera à son jugement, en le comparant avec celui des autres ; en examinant s'ils jugent comme lui, ou s'il juge comme eux ; cependant comme ce moyen serait dangereux, parce qu'il pourrait offrir des appuis à l'erreur, ou fermer toutes les issues qui conduiraient à des découvertes nouvelles, puisqu'il faudrait se résoudre à voir toujours comme les autres : d'ailleurs comme cette ressource serait inutile dans les sujets nouveaux : il peut avoir recours dans tous les objets que la littérature présente à des analogies, dont il peut pourtant estimer avec plus ou moins de sureté la solidité, ou la faiblesse.

Mais c'est ici qu'il faut surtout une adresse rare dans le choix et l'usage de ces analogies, qui peuvent fournir la solution du problème qu'on s'est proposé. Ainsi par exemple, s'il s'agit de l'interprétation d'un passage, il ne suffit pas d'avoir le sens propre des mots ; il faut encore épuiser leur différentes acceptions dans tous les cas possibles, et en les appliquant l'un après l'autre au passage qu'on veut éclaircir, juger la probabilité de chacune par sa convenance et par sa liaison avec ce qui précède, ce qui suit et l'ensemble de l'ouvrage.

S'agit-il d'un monument peu respecté par le temps ? La tradition du pays peut fournir des idées sur son but, mais cela mérite l'examen ; la tradition apprend que cette belle colonne qu'on voit en Egypte fut érigée à Pompée, mais cela parait pourtant très-douteux, et l'on a montré avec assez de probabilité qu'elle a été faite pour Sévère. Il y a pourtant des cas, où la matière du monument, sa forme peuvent encore fournir des idées, parce qu'elles peuvent avoir des rapports avec des monumens déjà décrits par les anciens : c'est ainsi que Le Chevalier dans son *voyage de la Troade* découvrit avec son Homére les tombeaux d'Achille et de Patrocle dans des éminences, où il ne reconnut point l'ouvrage de la nature, mais celui de l'art, et où il trouva ce que l'on pratiquait dans les sépultures des temps héroïques, et même ce qu'on pratique encore chez une foule de peuples sauvages.

Si l'on a des inscriptions à lire, la forme des lettres, leur disposition, la tournure de l'expression, la matière elle-même sur laquelle elles sont gravées ; tout cela indique assez probablement le temps où elles ont été faites ; alors, quand le temps est soupçonné, le champ des conjectures se rouvre ; les noms, les faits qu'on peut lire fournissent de nouveaux problèmes, que la même adresse, de vastes connaissances, et une grande bibliothèque peuvent faire résoudre.

J'en dirai autant des médailles ; cependant les questions qu'elles offrent sont pour l'ordinaire moins difficiles ; parce que leur dessin et la gravure des figures, leurs coiffures, leur habillement, et le revers, comme les noms qui y sont restés, la forme des lettres, les dignités des personnages, les dates peuvent y suppléer : mais malgré tout cela, l'emploi même de tous ces moyens n'est pas facile, il suppose du génie, de vastes connaissances, et ce coup-d'œil observateur qui n'est pas commun.

Chacune de ces recherches demande un temps très-long ; on n'a jamais assez vu quand il reste quelque chose à voir ; il faut fureter tous les livres plus ou moins relatifs à l'objet dont on s'occupe, passer en revue toutes les analogies qu'un bon esprit peut trouver, et comme pour l'ordinaire les preuves qu'on obtient ne sont presque jamais tranchantes, lorsque le problème est difficile, il faut multiplier les probabilités.

Enfin l'attention achève le littérateur, comme l'observateur de la nature ; elle lui inspirera cette pénétration qui perce les voiles par ses heureux apperçus ; c'est elle qui découvrit dans des trous remarqués inutilement par une foule d'antiquaires éclairés, l'inscription perdue de la maison quarrée de Nismes, qui avait disparu depuis des temps immémoriaux. Barthlemy, Seguier y jettent

les yeux , ils pensent que ces trous sont
les places des clous employés pour y attacher les lettres de bronze qui formaient
l'inscription , et que leur dorure avait fait
enlever ; ils suivent ces trous , en cherchant
ceux qui étaient nécesaires pour y clouer les
diverses lettres de l'alphabet Romain suivant
la diversité de leurs formes , ils dessinent
chacune d'elles d'après cette heureuse idée,
et ils lisent l'inscription vainement cherchée
depuis si long - temps.

A la vue d'un livre imprimé dans le quin-
zième siécle , où le nom de l'imprimeur,
le lieu de l'édition et sa date sont suppri-
més, ou à dessein , ou par leur destruction ;
Camus ne sera point sans espoir de les déterminer ; la nature du papier, les figures
que le fabricant y imprime ; le caractère des
lettres , les abréviations, les grosses lettres
peintes ou imprimées , le nombre des lignes
etc. , lui feront retrouver des indices que
sa grande érudition conduira à un degré de
probabilité propre à satisfaire ceux qui sont
convaincus que les connaissances de ce genre
ne peuvent atteindre l'évidence mathématique.

Le littérateur profond dissipe pourtant les doutes qu'on peut avoir sur ses découvertes, par des comparaisons qui feront sentir leur justesse : ainsi ce fameux passage du *Pœnulus*, de Plaute qui est resté si long-temps inintelligible a été très-bien expliqué par le moyen de la langue Hébraïque ; mais on s'assure de la bonté de la traduction, quand on sait l'analogie de la langue Phénicienne avec la langue des Hébreux, par les médailles de Tyr et de Sidon qu'on possède ; quand on sait que Carthage était une colonie Phénicienne ; surtout quand on lit le sens de la traduction faite de cette manière avec ce que devait dire l'interlocuteur Carthaginois, et avec le reste de la pièce. Enfin on peut trouver une nouvelle preuve de la justesse de cette version dans l'explication que Court de Gebelin donne dans son *Monde primitif* des mots phéniciens renfermés dans la traduction Grecque d'un morceau de Sanchoniaton faite par Eusebe.

Toutes ces réflexions indiquent assez, que le littérateur et l'observateur de la nature jouent le même rôle dans leurs recherches ;

et qu'il est impossible de se distinguer dans la littérature, si l'on n'y porte pas cet esprit d'observation, qui est la source unique des découvertes et le garant des succès qu'on peut avoir.

Les méthodes même de l'observateur pour l'interprétation de la nature sont indispensables dans les recherches du littérateur ; il a des problèmes à résoudre qui supposent la même analyse, des rapprochemens semblables à imaginer, des analogies à découvrir, des probabilités à estimer, des conséquences à tirer : cependant tout cela ne saurait s'exécuter que sur les faits qu'on observe, et sur ceux qu'on s'efforce de trouver : de sorte que dans l'étude de la nature, comme dans celle des livres, il n'y a rigoureusement qu'une manière de procéder, et s'il y a quelque différence dans la nature des objets dont on s'occupe, il n'y en a point dans celle des procédés qu'on est obligé de suivre pour tous ces objets.

Je ne puis m'empêcher de remarquer encore, que l'observateur de la nature a encore ici un grand avantage sur le littérateur, parce que le premier peut toujours avoir toutes ses données dans la nature ; tandis que le littérateur est toujous dans l'incertitude sur la quantité de lumière qu'il peut espérer, sur la qualité des moyens qu'il emploie pour l'obtenir, et sur la crainte d'aborder un sujet rigoureusement impénétrable.

Les hypothèses sont encore plus indispensables pour les littérateurs que pour les naturalistes ; ils sont sans cesse forcés d'en faire, et, pour l'ordinaire, ils sont obligés de s'en contenter. Combien ils en ont formé pour établir les migrations des peuples, pour expliquer les diverses analogies des langues, pour rendre raison des usages bizarres et semblables de quelques peuples fort éloignés ; mais en admirant le savoir, je dirai même le génie des divers littérateurs qui se sont exercés sur ces beaux sujets ; on sent néanmoins qu'en cédant quelquefois à l'impulsion qu'ils donnent, on est plutôt entraîné que convaincu.

Voici quelques exemples propres à faire connaître la marche du littérateur dans la recherche de la vérité ; on y remarquera celle que j'ai tracée aux physiciens et aux naturalistes.

Le célèbre Heyne, dans un Mémoire *de fontibus et auctoribus historiarum Diodori et de ejus auctoritate ex auctoribus quos sequitur fide æstimanda*, qu'on trouve dans les *Commentationes Societatis Gottingensis T. V.* se propose de rechercher le degré de confiance que Diodore de Sicile mérite comme historien.

Il pose d'abord pour principe que Diodore, écrivant une histoire universelle, ne mérite que la confiance qu'on doit aux historiens qu'il a suivis ; mais il remarque que Diodore a employé trente ans à rassembler ses matériaux par des voyages en Asie et en Europe, et par son séjour à Rome ; ce qui force de distinguer ses propres remarques, qui sont pour l'ordinaire justes, des récits qu'il fait sur des ouï-diré, où d'après les auteurs qu'il a choisis. Enfin, Diodore annonce que son but en écrivant, a été de rendre ses écrits utiles à ses lecteurs, en leur servant de guides pour leur conduite ; mais Heyne observe fort bien, que si ce but est excellent, il ne saurait pourtant être le seul qu'un historien doive se proposer.

En jugeant Diodore d'après les restes que nous avons de son histoire, on peut lui reprocher de la négligence, en indiquant ses autorités; de cacher la valeur qu'il leur assignait; d'avoir une préférence marquée pour la mythologie Grecque, et d'avoir abandonné Hérodote.

Mais, quoique Heyne reconnaisse bien qu'on a pu faire divers tableaux très-différens, suivant les diverses époques de l'histoire de l'Egypte, il conclut que Diodore a écrit son histoire de ce pays, sur les idées des Grecs, et dans le but que cet historien s'est toujours proposé; en conséquence, Heyne n'estime l'autorité de Diodore, que pour ce que celui-ci dit avoir vu; il déclare même, qu'elle lui paraît faible, pour ce qu'il a tiré des autres historiens, et qu'Hérodote mérite une plus grande confiance par son ancienneté; parce qu'il raconte avec clarté ce qu'il a vu avec discernement; quoique son témoignage ne soit pas sans exceptions.

Heyne fait les mêmes réflexions sur l'histoire des Assyriens et des autres peuples barbares.

C'est par des hypothèses de ce genre qu'on parvient à fixer probablement l'âge des manuscrits, et, à cet égard, Gatterer semble avoir réuni tous les efforts qu'on a faits avant lui pour répandre quelque jour sur le temps où ces restes de l'antiquité ont paru, et il a enseigné une méthode pour s'en servir avec plus de facilité, dans un Mémoire publié parmi les *Commentationes Societatis Gottingensis*, vol. *VIII*.

On sent bien que cette détermination ne saurait être exacte, et qu'elle est fondée sur des probabilités, qui sont séparément assez légères, puisque chacune se trouve renfermée dans des limites de temps étendues souvent à plusieurs siècles ; mais, comme ces limites sont pourtant à-peu-près fixes, Gatterer a pensé qu'en réunissant chacune d'elles pour un manuscrit donné, on pourrait en trouver l'âge en recherchant au milieu de toutes ces probabilités, celles qui ramènent le plus sou-

vent

vent le même siècle ; alors la probabilité d'avoir trouvé le siècle du manuscrit, sera d'autant plus grande, que le nombre des probabilités qui le désignent, sera plus grand que le nombre des probabilités qui pourraient en faire soupçonner un autre.

On ne peut se dissimuler que ce moyen avait été déjà employé par les autres palœographes, mais ils ne l'avaient pas revêtu de cet appareil, qui en facilite la pratique.

Je ne crains pas de multiplier les exemples en les variant ; c'est par des conjectures savantes, qu'on est parvenu à déchiffrer quelques médailles antiques, comme je l'ai déjà remarqué, mais il en sera de même pour tous les monumens. Le gladiateur Borghèse a donné lieu à une foule de conjectures plus ou moins heureuses. Quelques-uns en font un discobole ; Winckelman et Stosch sont de cet avis. Lessing a cru que c'était Chabrias, d'après un passage de Cornelius Nepos, qui peint l'attitude que ce général fit prendre à ses soldats, comme celle de la statue qui lui fut élevée dans Athènes ; mais le sens forcé qu'il faut donner à l'historien latin, fit abandonner cette opinion à Lessing lui-même. Enfin, Visconti a imaginé que l'attitude de cette figure peut être celle d'un fantassin combattant un cavalier; mais la nudité de la figure annonçant un sujet pris dans les temps héroïques, il a cru que ce fantassin aurait combattu les Amazones, qui étaient alors les seules qui combattissent à cheval : c'est au moins ce qu'on rapporte dans le *Laocoon* de Lessing et dans la note du traducteur.

Mais si l'on voit par cet exemple comment l'étude de l'antiquité et de l'histoire peut servir à expliquer les anciens monumens ; si l'on se persuade bien que nous n'aurions jamais rien compris au groupe sublime du Laocoon, sans les descriptions de Virgile, de Pline et de Pétrone : on se persuadera de même que l'étude de ces anciens monumens sert beaucoup à l'intelligence des anciens auteurs ; et, sans donner à ce moyen toute l'énergie que Spence lui attribue dans sa Polymetis, qui est pourtant un ouvrage original dans son genre; on peut croire qu'un des meilleurs commentaires des anciens poëtes se trouve dans les médailles, les pierres gravées, les bas-reliefs, et les statues antiques. On y voit les divinités du Paganisme avec leurs attributs; on y découvre plusieurs traits relatifs aux mœurs et aux usages; on y rencontre comme dans un tableau divers traits de l'histoire. Je ne doute pas que le bel ouvrage de Tischbein, où ce grand dessinateur et ce profond littérateur offre tous les desseins que les bas-reliefs, les médailles, etc. présentent sur Homère, ne serve infiniment à l'intelligence de ce poëte; puisqu'il nous montrera comment les anciens ont entendu les traits que leurs sculpteurs et leurs graveurs ont rendus avec leurs ciseaux et leurs burins.

Heyne a fait un ouvrage intéressant et utile en faisant connaître les ouvrages de l'art, exécutés par les anciens dont il est parlé dans l'Anthologie grecque; on le trouve dans les *Commentationes Societatis Gottengensis*, tom. X. Les artistes y pourront prendre des idées qui leur seront utiles, et les littérateurs des connaissances importantes pour l'intelligence de l'antiquité; on y apprendra à connaître des chefs-d'œuvres tout-à-fait ignorés, et des ar-

tistes célèbres dont les noms étaient restés
inconnus.

Je hasarde ici une conjecture qui pourrait
être utile dans ce moment pour l'intelligence
des hiéroglyphes Egyptiens. La langue Copte
ne pourrait-elle pas être une clef de ces caractères si profondément obscurs ? Voici les
raisons qui me paraissent établir cette idée,
comme je l'ai déjà fait connaître à Millin et
à Pougens.

Je suppose que les hiéroglyphes sont les
caractères d'une langue particulière, dont
chacun représente une idée ; il paraît donc,
que si l'on connaissait les idées représentées
par ces signes, on aurait la signification du discours hiéroglyphique ; mais comme ces signes
représentent des objets de la nature, ou des
usages, ou de l'art, il paraît qu'on connaîtrait
le sens qu'ils doivent avoir, si l'on savait
les idées qu'on leur attachait, lorsqu'on les a
gravés sur les monumens où on les trouve.

Cela étant posé d'après l'opinion généralement reçue, je suppose encore, comme cela

parait universellement reconnu, que l'écriture alphabétique est une manière abrégée et commode d'exprimer ce que l'on voulait représenter par les hiéroglyphes; de manière qu'on a substitué au signe un mot qui représentait l'idée attachée au premier.

Il résulte donc de-là, que, si par quelques moyens, on pouvait connaître l'idée attachée au signe hiéroglyphique, on pourrait en découvrir le sens.

Il m'a paru que ce moyen serait trouvé, si l'on connaissait l'ancienne langue des Egyptiens; parce qu'elle offrirait dans les mots analogues à ceux qui auraient exprimé le signe, ou plutôt dans leurs dérivés, les idées abstraites qu'on a pu lui attacher : mais ce moyen manque, puisqu'il n'y a qu'un très-petit nombre de mots égyptiens, qui paraissent avoir échappé aux siècles écoulés depuis que cette langue est oubliée.

Il me semble pourtant que ce moyen pourrait être à présent remplacé jusques à un certain point, par la langue qui aurait

le plus d'affinités avec l'ancienne langue Egyp-
tienne, et je crois que la langue Copte pourrait remplir ces vues. On sait d'abord que dans
ces régions, les langues ont souffert peu d'altération ; l'Arabe, le Syriaque, en sont des
preuves frappantes. Il est prouvé en second
lieu, que les anciens mots Egyptiens sont
très-bien traduits par la langue Copte ,
comme on peut s'en assurer dans le *Pantheon
Aegyptiacum* de Jablonowski. Bruce, dans ses
voyages, prétend même que le premier alphabet est Copte, et qu'il a été tiré des hiéroglyphes ; il est vrai, comme De Guignes
l'observe que les Coptes ont adopté jusques
à un certain point l'alphabet grec ; mais cela
est fort indifférent pour ma conjecture ; puisqu'il ne s'agit pas ici de la figure des caractères, mais de la signification des mots. De
sorte que j'espère qu'après la publication du
bel ouvrage de Denon , il sera facile d'essayer mon idée, en se servant du dictionnaire et de la grammaire Coptes, que Voïde
a publiés. Je m'arrête et je crains déjà d'en
avoir trop dit ; mais dans un sujet aussi
obscur que celui des hiéroglyphes, il ne faut
rien négliger pour l'éclaircir, lors même que

ce que l'on propose est seulement un peu vraisemblable.

Toutes ces réflexions m'ont fait naître l'idée d'un cours de Belles-Lettres, qui serait bien nécessaire pour les langues orientales, et pour les langues grecque et latine. Je ne parlerai ici que des deux dernières, parce qu'on pourra appliquer aux premières ce que j'aurai dit des deux autres.

Il faudrait peut-être commencer cet ouvrage en montrant les analogies et les différences des langues grecque et latine; ensuite il faudrait rechercher celles qu'elles out avec la langue française. On y sera frappé de la grande supériorité de la langue grecque, et l'on ne sera pas moins étonné des grands rapports de celle-ci avec la langue française, comme Henri-Étienne l'avait déjà remarqué, et comme on peut s'en assurer en lisant Aristote, Théophraste et même Hérodote. Ces préliminaires sont indispensables pour l'interprétation d'un auteur, qu'on ne saurait bien transporter de sa langue dans une autre, si l'on ignore leurs rapports réciproques. Il faut que le traducteur rende avec rigueur dans sa langue les pensées que son auteur a exprimées dans la sienne ; aussi j'ai toujours cru qu'il était plus difficile de bien traduire un ouvrage de poésie, que de le composer, en supposant au traducteur et au poëte le même génie ; parce que le traducteur ne saurait avoir la même liberté que l'auteur original, et l'on peut aisément en juger par l'extrême rareté des bonnes traductions, et par les efforts de Boileau pour rendre dans les beaux vers de son Art Poétique les beaux vers de l'Art Poétique d'Horace.

Après cela, il serait important de faire connaître la nécessité des aides qu'on peut se donner, telles sont l'histoire, l'étude des usages, des mœurs, des coutumes et des monumens antiques, celle de la religion, des gouvernemens, des beaux-arts dans les temps anciens. Avec ces connaissances, on verrait disparaître une foule de difficultés invincibles, que les commentateurs qui expliquent longuement tout ce qui est facile, touchent à peine, ou ne touchent point du tout.

Il est à présent facile d'appercevoir combien chacun de ces sujets traité par un homme de goût en multipliant les exemples. et les variant, intéresserait ses lecteurs, et ranimerait l'ardeur pour les belles-lettres, qui s'éteint presqu'entièrement; parce qu'on n'y voit plus que l'étude fastidieuse d'une langue, sans y voir sa partie philosophique, qui peut seule faire son prix aux yeux de l'homme qui pense.

Le fameux commentaire de Heyne sur Virgile remplit imparfaitement ce plan; mais il est aisé de sentir sa grande supériorité sur tous les autres, et l'on s'apperçoit d'abord qu'il la doit autant à l'esprit philosophique qui l'a dicté, qu'à son goût et à ses vastes connaissances. Cet ouvrage important fait attendre avec impatience celui que ce grand littérateur prépare sur Homère.

On pourrait joindre à tout ce que j'ai dit des remarques curieuses sur la collation des manuscrits, sur le choix des variantes, sur les conjectures hasardées pour corriger le texte des anciens; mais ceci serait sans fin. Je remarquerai seulement encore que le grand art d'observer qui fait le vrai philosophe fera de même le profond littérateur.

Plus on deviendra savant, plus on se convaincra que la vraie science renferme toutes les connaissances possibles; que la faiblesse de notre esprit et notre ignorance nous empêchent de saisir le lien qui les unit; que l'observateur les rattache, et en forme un tout dans son cerveau qui saisit le plus grand nombre des rapports des objets sensibles entr'eux, avec ses sens, ses idées et les mots qui les peignent.

CHAPITRE IX.

Des Arts en général.

L'OBSERVATION et l'expérience sont les seuls créateurs des sciences et des arts ; la nature est leur source commune, soit qu'on les considère s'occupant de nos plaisirs, ou pourvoyant à nos besoins. L'homme ne crée rien, il combine seulement les idées formées par les sens, et il en retire par la réflexion des idées nouvelles. Les modèles des arts sont dans la nature avec les sources de nos idées ; mais l'homme doit les découvrir par son génie, les féconder par la réflexion, et les étendre par sa patience, ou ses efforts. La nature appartient à tous les hommes, et chacun y trouverait les mêmes richesses, s'il avait les mêmes organes, ou les mêmes motifs pour les exploiter.

Michel Ange voyait bien différemment les mêmes objets que Teniers ; et l'homme qui s'intéresse vivement au bien public apperçoit dans les diverses choses qui l'occupent des rapports très-différens de ceux que peut saisir l'homme qui ne consulte que son goût pour le plaisir.

On pourrait peut-être définir les arts, les résultats des rapports découverts dans les êtres naturels, s'appliquant le plus convenablement possible à tout ce qui peut procurer du plaisir ou de l'utilité.

Le but des arts est rempli quand par une imitation exacte de la nature, on a ému l'ame et flatté les sens, ou quand on a soulagé l'homme dans ses travaux, et satisfait à ses besoins.

L'agréable joint à l'utile est le caractère des ouvrages de la nature et de l'art. On jugera solidement par cette règle les productions des artistes, en joignant pour les arts mécaniques une troisième condition, que la nature indique encore ; c'est que tout doit s'opérer de la manière la plus aisée, avec la plus grande économie de temps, de matière, ou de force suivant les circonstances; mais, quand on y fait attention, l'on voit bientôt, que ces derniers caractères résultent naturellement du premier.

CHAPITRE X.

Des Beaux - Arts.

LE goût qui crée et perfectionne les beaux-arts est cette faculté de l'ame exercée par l'étude de la nature ; les beaux - arts n'atteignent leur but que lorsqu'ils représentent la nature elle-même avec toutes ses nuances. Rubens démêle le double sentiment de peine et de plaisir qui peut se peindre sur la physionomie dans le même moment , et il les unit sans les confondre dans son tableau de l'accouchement de Marie de Médicis. L'artiste observateur remarque toutes les nuances des passions, et il cherche les moyens de les caractériser. Richardson fait jouer constamment à 40 personnes dans ses romans, le rôle qu'il leur a d'abord assigné, et l'on retrouve par-tout leurs physionomies, leurs passions, et leurs caractères. Raphael, dans son tableau de l'Académie d'Athènes, écoutant St. Paul, peint sur le visage de chaque auditeur l'impression que cet orateur sacré fit sur chacun d'eux, suivant leur secte philosophique, leurs mœurs, leur condition et leur âge.

La nature étant toujours la même, et les organes qui la peignent à l'ame étant aussi semblables, les idées du beau dans les arts diffèrent plus par leur intensité, que par leur nature. Si les hommes qui n'ont pas exercé leur ame par l'observation laissent échapper plusieurs choses qui frappent les maîtres de l'art, lorsqu'ils la contemplent; ce n'est pas parce qu'ils n'ont pas vu la nature comme eux, mais c'est parce que leurs sens n'étant pas aussi exercés, et leur ame aussi perfectionnée; il y a mille choses qui leur échappent, et ils ne sont vrais que par momens. Il faut pourtant observer que tous les observateurs n'ont pas les mêmes idées de la beauté et de la perfection. Ne serait-ce point, parce qu'ils ne sont pas accoutumés à la rechercher dans les mêmes objets. Le tableau qui ravit un homme du monde n'aurait pas toujours été applaudi par un Vernet ou un Saint-Ours. Les poésies Anglaises ont souvent une énergie gigantesque. Les chefs-d'œuvres poétiques des Français se distinguent par cette noble simplicité, et cette vérité frappante qui les rapprochent des modèles antiques , quand elle ne les place pas au - dessus d'eux , comme dans Racine , Molière , Boileau et La Fontaine. On retrouve toujours en Asie les figures hyperboliques , comme l'on distingue les différentes écoles de peinture ; on remarque les mêmes traits dans Homère et Virgile , dans Démosthène et Cicéron , dans Euripide Sophocle et Racine , dans Anacréon et Horace. Ceux-ci sont-ils des imitateurs serviles? Ou plutot les productions du génie ne se ressembleraient-elles pas dans les mêmes circonstances ? Ou enfin, si ceux - ci sont des copistes, n'est-ce pas parce qu'ils ont apperçu de même les objets semblables qu'ils ont voulu peindre. Boileau est aussi original dans ses imitations heureuses d'Horace, que dans le Lutrin qu'il a créé.

La

La vivacité des sens et des sensations, la faculté de les rendre avec vérité donnent ce tact fin qui choisit le trait important d'un objet pour le caractériser, et les couleurs pour le rendre frappant. Combien d'hommes menacés de la mort par la chûte d'un arbre n'ont pu tirer de leur émotion comme Horace le sujet d'une Ode immortelle? Combien de peintres ont vu comme Vernet la mer furieuse sans intéresser par la peinture d'un naufrage? On observe encore que les sens et le goût varient dans le même individu avec les années; l'ame émue par les sensations qu'elle éprouve produit des effets proportionnels à leurs causes. Voltaire était de bonne foi quand il comparait Zulime à Zaïre; cette erreur n'existait pas pour lui; elle était produite par l'influence des années écoulées entre les deux compositions. Les sens plus obtus n'offraient plus à son ame des sensations aussi vives. Le sexagénaire qui vit jouer Alzire pour la première fois n'eut pas les émotions d'un jeune homme placé à ses côtés.

La nature est toujours le dépôt de toutes

les conceptions. Le poëte y saisit les traits des passions, leurs nuances et leurs effets; il y trouve la violence de leurs mouvemens, l'éloquence de leurs signes et le feu de leurs traits. L'orateur y cherche la clarté de ses pensées, l'énergie de ses sentimens, la puissance de ses preuves, et l'activité de ses foudres. Le peintre y puise la vie qui anime sa toile; le sculpteur les soupirs du marbre. C'est avec elle que l'artiste apprend à ébranler les cordes sensibles du cœur, à mettre les autres hommes à leur unisson, à faire germer le plaisir dans l'ame, et à lui arracher des pleurs. Les maîtres d'un art qui connaissent le mieux la nature, et les chefs-d'œuvres qui la représentent sont aussi pour l'ordinaire les meilleurs juges des artistes. Le Chevalier Bernini fit connaître le mérite de Perrault; personne n'a mieux loué Gluck que Piccini.

Il semble que la nature se révèle au grand artiste. Homère met sous nos sens toutes les siences, tous les arts, toutes les coutumes de son temps; il montre l'homme avec ses vices et ses vertus; il les fait remarquer dans le geste, dans les discours, dans les actions; on

reconnaît celui qu'il peint dans tous les momens, dans toutes les circonstances; il décrit même les blessures de ses héros comme
un anatomiste qui serait poëte, et il dessine
ses tableaux de la nature comme un grand
peintre : il est toujours le poëte du génie,
de la vérité et de la raison. L'Arioste même
est l'élève de la nature dans les invraisem-
blances qu'il sait représenter, parce qu'il a appris de la nature à leur donner les nuances du
vraisemblable, ou du moins à les rendre
naturelles dans ses écarts de la vérité.

L'artiste observateur découvre dans la nature les moyens de plaire par la nouveauté
de ses compositions, par l'ordre qui y règne,
par la clarté qui en fait remarquer aisément
toutes les parties. Il s'interdit tous les passages
brusques; il évite les contrastes choquans.
La nature le conduit toujours à la vérité par
le chemin le plus court, et à la beauté par
les modèles qu'elle lui fournit.

L'étude de la nature est longue et pénible;
il faut recueillir mille observations éparses
qu'on ne peut faire que rarement, mais

l'étude des chefs-d'œuvres des grands hommes facilite celle de la nature; ils montrent la manière de l'observer, et sur-tout celle de profiter de leurs observations. L'imitation de la nature dans les ouvrages des grands artistes, est, pour l'ordinaire, plus belle que l'original. Les têtes naturelles n'ont pas l'expression des têtes antiques : il y a un beau idéal, que le génie extrait du beau réel, et qu'il surpasse, parce qu'il réunit dans un individu les beaux traits répandus dans un grand nombre d'entr'eux de la même espèce.

Les Beaux-Arts paraissent avoir fait plus de progrès que les sciences; ils semblent au moins s'être approchés plus qu'elles de la perfection. Homère et Virgile sont les peintres de la nature ; Démosthène et Cicéron ceux des passions. La riche proportion des colonnes des anciens, la belle disposition de leurs différens ordres, la majestueuse ordonnance de leurs temples, le génie et la vigueur de leurs sculpteurs, annoncent un goût exquis. Je ne dis rien des prodiges de leur musique et de leur peinture, mais ils semblent avoir approché les bornes de la perfection ; leurs beaux ouvrages font encore le désespoir des plus grands artistes. Tandis que les sciences, laissées au berceau par les anciens, se sont considérablement perfectionnées par les modernes.

On ne peut douter pourtant que les Beaux-Arts ne soient susceptibles encore de perfection : il y a des défauts dans les ouvrages les plus parfaits. On n'a point épuisé le monde physique ; on n'a pas observé et peint toutes les affections de l'ame ; on n'a pas apprécié l'impression de tous les objets sur les sens ; on n'a pas éprouvé tout ce qui peut causer du plaisir ou de la peine ; on n'a pas gradué toutes les nuances des sensations ; voilà cependant autant de sources d'imitations et de moyens pour perfectionner les Beaux-Arts. Peut-être de nouveaux arts sont prêts à paraître. Le Père Castel a imaginé un clavecin oculaire. Montgolfier s'élève dans les airs avec un ballon.

Il me semble que si les artistes faisaient une attention plus réfléchie sur eux-mêmes, ils sauraient plus ou moins le ton, le geste, la modification du visage, qui communiquent la joie et la douleur; on remarque aisément les argumens qui font impression, la manière de les proposer pour enchaîner la volonté. Ainsi donc, tous les artistes qui se consulteront avec génie, pourront apprendre à peindre la nature de la manière la plus propre à produire l'effet qu'ils ont desiré. On retrouve dans les ouvrages des grands artistes les observations qu'ils ont faites sur eux, et l'on s'en convaincrait mieux si l'on avait des détails circonstanciés sur leur vie. Raphael et Michel Ange conservent leur fierté en peignant l'affliction et l'amour.

CHAPITRE X.

Des Arts mécaniques.

———

LES progrès des arts mécaniques devraient au moins intéresser autant le philosophe que ceux des arts agréables ; ceux-ci augmentent le bonheur des hommes heureux ; ceux-là contribuent au bonheur de tous. Cependant il faut l'avouer, les arts mécaniques n'ont pas été étudiés avec autant de zèle que les arts agréables ; il n'y a pas bien long-temps qu'on les a cru dignes des regards de la philosophie ; et, quoiqu'on ne puisse lire avec le même plaisir un poëme sur une chaise mal faite, ni jouir purement de la beauté d'un tableau avec un soulier qui blesse, on a bien plus réfléchi sur la théorie de la poésie et de la peinture, qu'on ne s'est occupé de l'art du menuisier et du cordonnier.

Cependant les arts mécaniques exigent des recherches profondes pour être exercés avec fruit; ils ont des rapports immédiats avec nous, ils nous servent dès que nous sommes nés, et ils font notre bonheur pendant toute notre vie.

Il ne serait pas difficile de prouver, que la théorie des arts mécaniques est la même que celle des beaux-arts; qu'ils reposent également sur les idées du beau, qui se résolvent toujours dans celles du bon. Les arts mécaniques étonnent par leurs difficultés ceux qui veulent les approfondir. Il a fallu le grand anatomiste Camper pour instruire sur la meilleure manière de faire les souliers. Il y a toujours un maximum de perfection qu'il est difficile d'atteindre. Les Breguet, les Vaucanson sont aussi rares que les Racine et les Voltaire; aussi Reaumur et Duhamel, qui ont répandu tant de lumières sur les sciences, étaient nécessaires pour éclairer les procédés des arts l'Académie des Sciences de Paris, comme l'Institut National, ont mis au rang de leurs premières occupations la description des arts mécaniques.

Ces arts ont d'abord été plutôt le produit des circonstances, que celui de la réflexion ; aussi leur théorie est bien moins connue que celle de plusieurs sciences, qui ont comme eux leur fondement dans la nature. L'agriculture a été inventée et perfectionnée dans les lieux, où un terrain léger et fertile se maniait avec facilité, comme en Egypte et dans l'Asie Mineure, en Espagne et en Italie ; aussi toutes les charrues de ces régions se ressemblent, et paraissent être encore celles qui furent inventées. Il y a de même des arts résultant de certaines circonstances universelles, qu'on retrouve par-tout dans tous les temps et dans tous les lieux ; on a cherché par-tout des boissons plus agréables que l'eau ; aussi dans tous les lieux du monde on fabrique des liqueurs enivrantes.

La nature présente souvent à l'observateur des idées complètes sur les arts, qu'il est aisé de réaliser. L'araignée a vraisemblablement inspiré la tisseranderie, comme l'écorce interne de quelques arbres dont les fibres croisées représentent le tissu d'une étoffe. Quelques chrysalides indiquent le secret des cuirs dorés ; en montrant une membrane fine et transparente dorant une surface d'un blanc mat ; on dore de même l'étain avec un vernis transparent. Depuis le commencement du monde l'homme en buvant offrait le principe de la théorie des pompes ; la découverte des valvules dans les veines enseignait l'usage des soupapes.

L'artiste plein de génie peut trouver ainsi dans la nature les matériaux sur lesquels il doit opérer ; il ne lui reste que l'application de ces objets aux usages qui déterminent son travail ; mais ces usages eux-mêmes dépendent encore des propriétés des substances que la nature peut lui offrir. Les machines hydrauliques sont fondées sur les lois de l'hydrostatique et de l'hydrodynamique, que l'observation seule fait connaître. Il est donc absolument nécessaire d'étudier les matériaux destinés à l'usage des arts. On n'a pensé à charger les bois avec des poids considérables, qu'après avoir reconnu la cohésion de leurs parties. Combien d'objets inutiles en apparence, où des yeux attentifs ont trouvé des objets de la première utilité. Les chiffons fournissent le papier. La combinaison des corps naturels forme des produits utiles ; le mélange du cuivre et du zinc fait dans de certaines proportions, fournit un métal précieux par sa dureté et sa ductilité, que ces métaux séparés ne sauraient remplacer. L'action mutuelle des corps les uns sur les autres, la nature de cette action développent à l'artiste une foule d'idées heureuses. La gravité spécifique de l'eau plus grande que celle du bois ; la résistance de l'eau au choc des corps, l'effet des courans d'air sur les solides, ont fourni les premiers élémens de la marine à toutes les nations.

L'observation dirige de même l'artiste vers le perfectionnement des arts inventés par son moyen. C'est l'idée grossière du panier dont on couvrait le poisson pour le prendre, qui a donné l'idée du filet appelé l'*épervier*. Reaumur perfectionne ainsi les arts dont il s'occupe. S'il mesure le degré du froid qu'il peut produire par des congélations artificielles, il trouve que les limonadiers feront leurs glaces plus promptement et les conserveront plus long-temps, en employant le sel marin ; mais il conseille aux particuliers l'usage de la soude, qui était alors à meilleur marché à Paris, quoique son effet soit moins prompt.

Les anciens chez qui l'esprit philosophique avait fait peu de progrès, n'ont brillé que dans les arts, qui demandaient de la constance et du goût dans l'exécution ; ils ont peu avancé ceux qui sont fondés sur des observations étrangères en apparence aux arts qu'ils exerçaient ; c'est ainsi que la marine était restée pour eux presque dans sa première enfance.

Il faut l'avouer, les arts lucratifs, ceux de première nécessité ont fait plus de progrès ; ils rendent les yeux pénétrans, et l'ame attentive. Le pêcheur sait presque par-tout profiter des marées, s'accommoder à la clarté, ou à l'obscurité, s'approprier la proie des poissons voraces ou des oiseaux pêcheurs, choisir les filets les plus convenables aux poissons qu'il pêche, au fond où il les jette, et à la saison où ils travaillent. On en peut dire autant de l'agriculture ; nos progrès dans cet art, sont faibles quand on les compare avec ceux qu'il avait faits dans les temps anciens.

Les arts s'éclairent réciproquement ; la perfection de l'agriculture influe sur l'art du jardinier, et sur celui de faire le vin ; ce dernier a produit l'art du brasseur ; mais en général, l'observateur dirige l'artiste, en généralisant et simplifiant ses procédés, en les facilitant, en conservant aux états les arts qui les enrichissent, et en fournissant aux artistes les moyens d'opérer avec plus de promptitude, de sûreté et d'économie. Les succès qu'on a, en préparent de nouveaux, les méthodes employées se perfectionnent, en produisent de plus heureuses, de nouveaux arts s'inventent, et le bonheur social est augmenté. Chaptal, qui appliqué son génie et son savoir à la perfection des arts, qui a réussi à en perfectionner plusieurs, trouve encore dans ses vastes connaissances les bases solides d'une législation pour les arts.

Il a semblé d'abord que les arts devaient la plus grande partie de leurs succès à des circonstances heureuses. Des enfans qui jouaient avec des verres travaillés et réunis par hasard, ayant apperçu le coq d'un clocher plus près d'eux, trouvèrent les lunettes d'approche, et frayèrent la route au télescope ; mais le génie s'empara de cette observation ; et Galilée, Newton, Euler, Dollond trouvèrent les télescopes et les lunettes achromatiques. Il ne suffit pas d'être artiste pour perfectionner les arts, il faut être un grand artiste pour découvrir le maximum du bon et du facile. Un opticien ordinaire n'aurait pas poli les miroirs d'Herschel. Un observateur qui ne serait pas artiste imaginerait mille procédés impraticables, et serait bientôt rebuté par les obstacles qui l'assailliraient. Il faut être un profond artiste comme Romilly pour découvrir les principes de son art, combattre les préjugés, réduire les vibrations du balancier, lui faire battre les secondes, corriger un échappement approuvé, et offrir aux artistes dans divers morceaux de la première Encyclopédie et dans diverses montres présentées à l'Académie des Sciences de Paris, des principes solides, des idées lumineuses, des vues utiles et de bons modèles. Enfin, l'observation doit toujours diriger l'artiste. En vain un chirurgien est anatomiste ; en vain il réussit dans ses opérations ; l'observation seule peut lui apprendre la nécessité d'opérer, les difficultés de l'opération, le temps de la faire, les accidens qui peuvent la troubler, et les moyens de les prévenir.

Il y a des principes généraux dans tous les arts, qu'il faut connaître pour s'en servir comme de guides, pour pratiquer ces arts avec succès, et pour leur donner la perfection dont ils sont susceptibles. Tels sont ceux de la mécanique. L'observation a démontré, que l'inclinaison qui résiste le plus dans le frottement des parties qui doivent se pénétrer, est celle qui forme un angle de 45.°; c'est celle qu'on donne au ciseau du tailleur de pierre, au fer du rabot, au soc de la charrue, aux aîles du moulin à vent; cette observation éclaire ceux qui ont besoin d'un frottement moindre; c'est ainsi qu'on ne donne aux dents des limes qu'une très-petite inclinaison, parce qu'il faut que l'opération se répète fréquemment de suite, sans entamer la lime, et que les parties limées qui restent entre les dents, s'évacuent avec facilité.

L'artiste observateur examine scrupuleusement les détails de son art, et cherche les

rapports de ce qu'il fait avec ce qu'il pro-
jette. Le peintre au pastel choisit le côté de
la chair du velin pour peindre, pàrce que
sa surface, moins polie, arrête mieux la partie
colorante, tandis que le peintre en miniature
préfère le dos, parce que les couleurs qu'il
emploie se collent d'elles-mêmes sur la partie
qu'elles couvrent.

Cette attention dissipe les difficultés qui
semblaient insurmontables ; Reaumur voit
bien que pour décaper le fer qu'on veut blan-
chir, il faut enlever une espèce de vernis
formé par l'oxidation du métal qui se trouve
sur la surface du fer fortement échauffé. Les
acides mordent difficilement sur cette croute;
il y emploie avec succès les liqueurs fermen-
tantes et le frottement du sable. Duhamel
remarqua que l'odeur des salles d'hôpitaux
croissait lorsqu'il s'approchait du plafond ;
il imagina un ventilateur, qui fait communiquer cette partie avec l'air extérieur, et qui
chasse celui qui est altéré, il appliqua le même
moyen à la calle des vaisseaux.

L'observation de la nature éloigne des entreprises

treprises impossibles; elle ne permet plus de chercher l'or potable, la transmutation des métaux; mais elle empêche aussi de croire impossible ce qu'on ne saurait produire d'abord. Les lunettes achromatiques montrent le danger des théories séduisantes. Buffon enseigne la possibilité des miroirs d'Archimède; la grande perfection des montres marines, et la théorie des satellites de Jupiter font espérer la solution complète du problème des longitudes.

Le défaut d'attention a étouffé les plus belles découvertes. Combien de fois on a vu les pointes tirer l'étincelle électrique des nuages, avant de penser aux conducteurs. Depuis Aristophane on pouvait prévoir l'usage des verres convexes et concaves. Jusques à Archimède on n'avait pas imaginé la perte du poids que les corps plongés dans l'eau peuvent éprouver. Il n'y a pas long-temps qu'on applique l'expansion de l'eau, changée en vapeurs à l'élévation des poids.

Les soins de l'observateur peuvent corriger des effets naturels qui sont nuisibles. On réta-

blit quelquefois les vins gâtés avec la pous-
sière du charbon; on redresse la taille et les
membres courbés. On corrige avec des verres
les vues trop courtes ou trop longues.

Un artiste borné à la pratique de son art
ne saisit pas mille rapports propres à le perfectionner. Que seraient les arts de la teinture, de la verrerie, des émaux, de la doci-
masie sans les observations de la chimie? Il
faut, comme dit Fontenelle, que l'observateur
soit l'œil de l'artiste, et l'artiste la main de
l'observateur.

Tous les arts ne se ressemblent pas; s'il y
en a dont les procédés sont constamment
les mêmes, comme dans la fabrique d'un instrument connu; la plupart varient dans l'application de leurs principes généraux par la
différence des matières et des circonstances.
L'agriculture a ses principes; mais la nature
des terres détermine la quantité et la qualité
des engrais, le nombre et la profondeur des
labours; il semble qu'à rigueur, chaque dis-
trict, chaque année devraient avoir des procédés de culture particuliers.

Les arts s'exercent sur des substances qu'on dispose pour un certain but; les propriétés de ces substances déterminent les combinaisons et les produits. Si le jeu des affinités était bien connu, il conduirait à des découvertes sûres. Quand on sait que la chaleur dilate les métaux, on se garde bien d'avoir des grilles justes dans les fourneaux; elles les briseraient en se dilatant. Pour laver les gallons, on ne se servira pas des liqueurs alkalines qui rongeraient la soie, mais de l'esprit de vin qui ne l'attaque pas.

Les matières qu'on emploie sont plus ou moins imparfaites; il faut connaître leurs défauts pour éviter les obstacles qu'on éprouverait dans leur emploi. Les fers varient par leur aigreur et leur force ; on les distingue par leur cassure, par la manière dont ils se forgent, par le son qu'ils rendent, par les taches que les acides y laissent, par leur trempe et leur facilité de se souder ; on peut les corriger par des manipulations appropriées à leur état, ou les adapter aux ouvrages qu'ils gâteraient le moins. Le laiton qui ne peut servir pour une roue de cylindre dans une montre, fait une excellente roue d'échappement pour une pendule.

Il est également important de reconnaître les matières les plus parfaites; on juge à la vue, si la laine est soyeuse, longue, forte, unie, triée, propre, et un peu rousse; l'odeur du suint apprend qu'elle est nouvelle, celle de la graisse y fait soupçonner du mélange. Le son aigre, lorsqu'on la tire près de l'oreille, montre qu'elle est sèche, dure, et par conséquent vieille. Le son moëlleux annonce qu'elle est nouvelle. Le toucher découvre sa douceur et sa force; mais comme les sens peuvent tromper, il faudrait avoir des épreuves plus sûres. Les barres de fer aigre se cassent quand on les secoue, ou quand on les laisse tomber sur le pavé.

Dans le choix des matières, il faut se défier de quelques analogies séduisantes. Reaumur remarque qu'on préfère le fer le plus doux pour faire le fil d'archal, parce qu'il s'étend mieux, mais il est souvent pailleux, il a des grains, il est mal lié et peu ductile; tandis que quelques fers durs, forgés et chauffés convenablement, prennent du nerf et s'étendent à merveille.

L'expérience est le premier maître des artistes; elle leur fait connaître les rapports des matières qu'ils emploient, les effets de leurs combinaisons, et les usages qu'ils peuvent en tirer; c'est ainsi qu'on a appris que l'acier rougi au feu devenait plus dur, lorsqu'il était alors trempé dans l'eau froide, et que la surface de ce métal s'altérait par le contact du feu; aussi la réflexion fit trouver dans le charbon le moyen de garantir ses parties les plus minces exposées à l'action de cet élément.

Un artiste sans théorie est le servile copiste de ce qu'il voit; il n'imagine rien d'original, et n'exécute rien sans modèles. Les menuisiers qui ne connaissent pas l'art du trait ou le développement des pièces qu'ils doivent assembler ne sauraient les exécuter, s'ils n'en ont pas de semblables sous leurs yeux.

Pour acquérir la théorie nécessaire à un art, il faut des connaissances approfondies; celles de la mécanique pour mesurer les forces que l'on emploie ; celles de la géométrie et du calcul pour concevoir la possibilité de ce qu'on médite, et pour en former le plan. Huyghens, conduit par ces deux guides, trouva le pendule. Le tonnelier résout toujours le problême compliqué de former, avec de petites planches courbées, un vase de la plus grande capacité. Le secours de la physique est aussi nécessaire pour être instruit des propriétés des corps dont on se sert ; il faut avoir observé l'influence de l'air pour s'occuper utilement du travail des fermentations et de celui des peaux ; la connaissance de la Chimie est la base des arts du tanneur, du teinturier, du peintre, du parfumeur, du potier de terre, etc. Mais rien ne prouve mieux l'utilité de la chimie dans les arts, que les recettes absurdes des artistes ignorans, les compositions bizarres de quelques émailleurs, teinturiers, indien-neurs, chapeliers, etc.

Je suis pourtant bien éloigné d'exclure la pratique, la routine même des arts ; elles y sont indispensables ; mais il faut en chercher les fondemens. Il ne paraît pas aisé de faire avec la laine un tissu serré ; mais quand on sait qu'on ne tord pas dans le même sens les laines employées pour la trame, ou qui sont toujours filées à cordes croisées de droite à gauche, et celles de la chaîne qui sont filées à cordes ouvertes tordues de gauche à droite; on voit comment le foulage détord ces deux cordes, ou plutôt comment leurs filamens se dilatent en sens opposé et se lient avec plus de force.

Cette pratique suppose des sens exercés, les outils nécessaires pour perfectionner et abréger les opérations. Le sentiment détermine à la forge la couleur du fer, l'intensité des coups. L'usage seul apprend à limer rond ou plat. Les circonstances d'une opération méritent aussi la plus grande attention, les laines mises à la teinture prennent plus de couleur au fond de la chaudière qu'à la surface, elles en recoivent encore plus quelquefois quand on leur fait sentir un moment le contact de l'air; tout cela dirige le teinturier expérimenté.

La variété des procédés change souvent les

produits ; il faut les prévoir pour savoir ceux qu'on veut choisir. On se sert de fer doux pour le treillage, et de fer dur pour les épingles. L'exercice des arts indique même le moment des opérations, les transplantations réussissent souvent mieux en automne qu'au printems. Le brasseur de bière sait qu'il doit remuer le grain, lorsqu'il voit à sa surface une grande rosée divisée par bandes, qui en sont alternativement chargées. La durée des procédés varie souvent, mais il y a des signes qui annoncent leur fin. On laisse le chanvre dans le routoir plus ou moins long-temps suivant sa qualité, celle de l'eau, la température de l'air ; on sait encore mieux qu'il est suffisamment roui quand l'écorce s'enlève aisément dans toute sa longueur sur la chenevotte.

Enfin l'artiste cherchera à réparer les dérangemens occasionnés dans ses opérations par diverses circonstances dont l'influence est toujours active, comme la perte de la chaleur dans les fourneaux, et la correction des effets de la chaleur et du froid sur les montres.

Les succès dans les arts seraient peu importans, si l'on ne cherchait pas à diminuer la
peine des ouvriers par des moyens qui éco-
nomisent leurs forces, et abrègent leurs opérations, comme on en vient si heureusement
à bout avec les pompes à feu.

Les ouvriers commettent mille fautes, que
l'observateur sait prévenir. Lalande emploie
un chapitre dans l'art de faire le papier,
pour expliquer les fautes des ouvriers de
cuves; il en fait un autre pour montrer
celles où l'on tombe en collant le papier.
Les arts seraient bientôt perfectionnés, si
l'on découvrait ainsi leurs défauts, et si l'on
cherchait à les corriger. On peut donner de
la précision et de la promptitude aux ouvrages sans laisser rien d'arbitraire. Telle
est l'ingénieuse machine pour fendre les roues
de montres, et faire l'acier cannelé.

L'artiste se distingue en conservant la perfection de ses ouvrages. Pendant long-temps
le teinturier habile sait fixer ses couleurs.
Perret préserve de la rouille les beaux ins-

trumens de coutellerie qu'il enseigne à fabriquer.

L'attention qu'on donne aux procédés des artistes en fait trouver, qu'on ne supposait pas. L'amidon retiré des graines céréales, en a fait tirer de toutes les substances farineuses, et même de toutes les plantes. Quand Reaumur eut changé le fer en acier par la cémentation, il enferma un vase de verre entouré de sable et de gypse dans un creuset bien lutté, et il obtint une espèce de porcelaine.

L'observation fait juger l'effet des machines. On sait qu'il y a toujours quatre objets à considérer, la force motrice produite par des hommes, des animaux, des fluides des ressorts et des poids. La vitesse de la force, ou l'espace qu'elle parcourt, ou tend à parcourir dans un temps donné; la résistance ou l'obstacle à vaincre ; enfin la vîtesse communiquée par la force à cette résistance. Dans le cas de l'équilibre, le produit des deux premières quantités doit être égal à celui des deux dernières.

Un ouvrage est bien fait quand il remplit bien son but, et il aura toute la perfection possible, s'il réunit à la perfection de l'exécution l'économie du temps et de l'argent.

On pourrait croire que l'ancienneté des arts dans un pays est un garant de leur perfection; mais l'histoire apprend qu'ils y font les progrès les plus lents. La Chine fait de la porcelaine depuis des milliers d'années, mais elle n'exécute pas les chefsd'œuvres de Meissen et de Sèvres. Birmingham, qui est une ville tout-à-fait moderne, a plus contribué aux progrès des arts, que les atteliers anglais les plus anciens.

Il y a des préjugés despotiques dans les arts, qui arrêtent leurs progrès, parce qu'ils repoussent tous les changemens. En vain l'encre offre une couleur durable sur le papier qu'elle n'altère pas; cependant on a cru mal-à-propos cette composition dangereuse pour teindre la laine, quoiqu'on sache que les sulfates de fer ne gâtent pas la laine teinte couleur café, et qu'on emploie impunément l'eau forte dans les teintures écarlates. La vraie cause de l'altération des étoffes noires vient probablement de ce qu'on a choisi les étoffes les plus mauvaises pour leur donner cette couleur.

Il importe de faire connaître ces erreurs par tous les moyens possibles. On croit que la pierre à chaux se brûle dans les fours où l'on emploie la houille, et on l'a cru parce que quelques-unes de ces pierres cuites de cette manière, ne font pas effervescence, quand on les jette dans l'eau; mais on découvre bientôt que ces pierres sont enduites d'une matière huileuse, et qu'elles font effervescence, quand elles sont bien nettoyées.

La plupart des secrets des artistes peuvent être comptés parmi leurs préjugés; une crainte jalouse, une défiance avare exigent cette conduite mystérieuse, que l'œil clairvoyant du savoir ne peut éclairer. Si l'on aimait les arts, on publierait les procédés heureux que les savans pourraient perfectionner.

Il est difficile de bien décrire un art qu'on n'a pas exercé; on est toujours entre deux écueils dangereux, une longueur qui accable, ou une briéveté qui laisse dans les ténèbres; on instruit seulement par les détails; souvent

ce qu'on croit minutieux est indispensable :
il faut toujours éclairer l'artiste qui opère,
et celui qui réfléchit. En négligeant de donner
les proportions d'une machine, on peut faire
manquer son effet. Il faut une nuance bien
déterminée de l'acier mis au feu pour le succès des trempes. La description de l'art de
l'épinglier faite par Diderot est un modèle.

Tout ce que j'ai dit démontre que les
arts sont les fruits de l'observation et de l'expérience ; mais les artistes sont souvent dé-
goûtés des essais, parce qu'il leur arrive quelquefois d'être trompés dans leurs espérances ;
s'ils réfléchissaient davantage, ils pourraient
presque essayer à coup sûr en étudiant les
idées qu'on leur propose, ou que leur imagination leur fournit ; en se défiant de ces
secrets qui courent les atteliers, et en étant
très-attentifs au choix des moyens qu'ils emploient. Les mauvaises drogues doivent toujours produire de mauvais effets, le sublimé
corrosif est souvent mêlé d'arsenic ; les acides
sont impurs, les fers toujours différens se com-
portent différemment au feu, les esprits ardens
sont mal rectifiés, les préparations de cuivre
ne sont pas uniformes. Il arrive même quel-

quefois que des expériences qui réussissent en petit, ne réussissent pas en grand, et réciproquement ; ainsi malgré les anomalies que l'inattention peut produire dans les expériences, je dirai toujours que l'observation et l'expérience sont les seules ressources pour perfectionner les arts.

Il serait à souhaiter qu'on pût faire une histoire de tous les arts, dans laquelle on indiquerait les procédés faux, peu exacts, où l'on remarquerait ceux qui font espérer un perfectionnement, et où l'on enseignerait même les moyens de l'opérer. Peut-être s'élevera-t-il un génie qui embrassera d'un coup-d'œil tous les arts, qui en formera une théorie générale, qui en fera découler les procédés raisonnables, comme autant de conséquences. Cette époque serait celle de la perfection de tous les arts : le Gouvernement, les négocians, les artistes, les savans doivent y concourir ; elle annoncerait la perfection des arts, l'augmentation de nos connaissances, de nouvelles sources de richesses, des plaisirs plus sûrs, la prospérité des états, et le bonheur de la société.

RÉSUMÉ

DE

L'ESSAI SUR L'ART D'OBSERVER

ET DE FAIRE

DES EXPÉRIENCES,

A l'usage des jeunes gens qui se destinent à l'étude des sciences naturelles, et à celui de tous ceux qui pourraient désirer une table raisonnée dans cet ouvrage.

En faisant de nouveau cet ouvrage, je ne me suis proposé d'autre but, que celui d'être utile ; aussi, après avoir retranché la dernière partie de la première édition qui en faisait presque le tiers, parce qu'elle m'a paru tout-à-fait inutile, et avoir rendu ce nouveau travail plus considérable, j'ai senti que ce livre n'aurait pas l'utilité que j'ai voulu lui donner, si je l'offrais seulement aux jeunes gens, tel que je l'ai composé ; j'ai donc cru qu'il conviendrait de leur esquisser dans un seul tableau les principaux traits que je me suis attaché à faire connaître.

Ce travail est certainement dangereux ; puisqu'en présentant la chaîne des idées que j'ai développées, je mets sous les yeux la faiblesse de leurs liens, et sans doute les vides qui se trouvent entr'elles ; mais comme j'ai peu pensé à moi en méditant de nouveau ce beau sujet dont je me suis encore occupé, je ne dois pas y penser davantage en publiant les résultats de mes méditations. Je souhaite qu'on me voie d'abord avec mes intentions, et qu'on juge sur-le-champ si j'ai rempli mes vues qui doivent être aussi les vues de ceux qui pourront me lire. J'ai cherché du moins à former des observateurs et à perfectionner le grand art qu'ils doivent exercer.

Si cet Essai n'est pas tout-à-fait sans mérite, le tableau que j'en donne ne sera pas sans utilité ; on pourra revoir dans un quart d'heure ce qu'on n'aurait pu trouver qu'au bout d'un temps beaucoup plus long. Il ralliera une foule d'idées qui ne doivent pas

être

être séparées, et que j'ai été forcé d'isoler, pour en faire mieux sentir l'étendue et l'importance : il facilitera les moyens d'étudier plus profondément les procédés dont on peut avoir un besoin immédiat; il sera même un indice des règles principales que l'observateur doit avoir toujours présentes à l'esprit, quand il se prépare à observer quelque phénomène; quand il observe, et quand il veut traduire en pensées ses observations. Ce tableau sera donc l'esquisse de ce livre; on n'en remarquera que les contours et les grandes formes, sans distinguer leurs nuances et leurs détails.

PREMIÈRE PARTIE.

TOME I.er CHAP. I.er Page 21.

L'art d'observer est celui d'acquérir des idées claires et exactes sur les objets qui peuvent ébranler les sens, et de les communiquer aux autres comme on les a reçues.

CHAPITRE II, III. Page 24.

Tous les hommes sont appelés à exercer

cet art pendant toute leur vie; mais comme
tous les hommes n'ont pas les mêmes talens,
ou ne les déploient pas avec la même énergie,
il est nécessaire d'indiquer les qualités qui sont
sur-tout indispensables au grand observateur;
ce qui pourra fournir le moyen de caractériser
ceux qui ont observé, et de calculer leur
mérite d'après leurs observations.

CHAPITRE IV. Page 41.

Le génie fait les observateurs distingués,
en leur fournissant les moyens originaux, pour
forcer la nature à s'expliquer elle-même, et
pour découvrir dans les objets ce que lui seul
sait y voir; il embrasse toutes les idées d'un
sujet avec leurs rapports; il en saisit toutes
les conséquences; il marche sûrement au travers des obstacles vers la vérité qu'il cherche;
il y arrive sans détours, et il met ses contemporains en possession de ses conquêtes.

CHAPITRE V. VI. Page 53.

Quand on sait que tous les faits qu'on peut
observer sont liés à mille autres rapports; on

sait en même temps, que l'observateur doit chercher toutes ces séries, et s'environner de tous les moyens possibles pour trouver leurs causes. Il doit donc être instruit dans la physique générale pour bien connaître les qualités essentielles des corps, dans la physique particulière pour estimer les modifications des êtres matériels, dans la métaphysique pour y puiser quelquefois les conséquences générales dans les cas particuliers; enfin dans les mathématiques, pour leur demander souvent les sujets de nouvelles recherches, avec les usages de celles qu'il a faites.

CHAPITRE VII. Page 90.

Ces grands moyens ne garantissent pas absolument de l'erreur. Séduit par les sens, prévenu par l'opinion il est possible d'errer de bonne foi et de tromper les autres en se trompant : il faut donc qu'un scepticisme raisonnable tienne la balance de l'observateur, pour y peser ses observations, comme celles qu'il n'a pu faire lui-même; si ce doute est pénible, il a pourtant des bornes, et il offre la seule ressource qu'on ait pour découvrir la vérité.   Q 2

CHAPITRE VIII. Page 104.

Les difficultés de l'art d'observer s'accroissent à mesure qu'on étudie ses procédés; on les trouve dans les objets qu'on observe, dans les moyens qu'on emploie, dans les conséquences qu'on tire, dans l'observateur même le plus scrupuleux et le plus habile; aussi l'on s'apperçoit qu'il doit être fidèle pour lui comme pour les autres, impartial dans ses procédés, et doué d'une moralité particulière à cet art. Il sera toujours tout ce qu'on doit en attendre, s'il possède cet esprit d'observation, si précieux et si rare.

CHAPITRE IX. Page 114.

On est presque toujours sûr de rencontrer des objets qui sollicitent l'observation, parce que ceux qui semblent les mieux connus, le sont, pour l'ordinaire, très-imparfaitement; on peut en trouver sans cesse au milieu de tout ce qui nous environne; cependant, il y aurait quelqu'avantage à suivre l'impulsion de son siècle, si la sagesse ne recommandait pas particulièrement l'étude des objets qui peuvent être d'une utilité générale ; elle réclame ensuite le travail de l'observateur en faveur des phénomènes généraux, sans négliger les phénomènes isolés, communs, faciles à remarquer, ceux même qui paraissent petits, simplement curieux, rares, singuliers, enfin ceux qui exigeraient beaucoup d'efforts, et qui annonceraient quelque obscurité.

SECONDE PARTIE.

CHAPITRE I.er Page 141.

Quoique la vérité soit une, il y a plusieurs routes pour y arriver, et divers moyens à mettre en usage pour la découvrir. Une méthode sévère est toujours un guide sûr, et la ressource la plus importante. L'observateur méthodique divise l'objet de ses recherches, pour s'occuper séparément de ses parties ; il n'en augmente pourtant pas trop le nombre, mais il s'applique à remarquer d'abord celles qui peuvent éclairer les autres ; de cette manière, il fixe bientôt le nombre de ses divisions, et il détermine la valeur de chacune d'elles, relativement au but qu'il veut atteindre; ce qui peut le conduire à des observations capitales, qu'il n'aurait pas faites, et à des procédés qu'il n'aurait pu soupçonner; alors il s'assure par les questions, qu'il a résolues, s'il a rempli le but qu'il s'était proposé; souvent même il est ainsi dédommagé de ses peines par des découvertes, qu'il n'attendait pas, et par une lumière répandue sur son travail qu'il ne pouvait espérer. Il appelle quelquefois l'analogie à son secours, mais comme l'observateur méthodique est toujours circonspect; les dangers de cet aide disparaissent devant ses précautions, et les différentes méthodes qu'il emploie pour vérifier ses observations; quoiqu'il suive toujours avec rigueur celle qu'il a crue la plus sûre.

CHAPITRE II. Page 168.

La première étude de l'observateur doit être celle de ses sens; il lui importe de fixer leurs bornes et de déterminer les connaissances qu'ils peuvent lui fournir, comme les erreurs qu'ils peuvent occasionner. Ils ont souvent besoin de préparation pour bien appercevoir, et d'une recherche soigneuse pour ce qui ne se présente pas d'abord à eux ; il faut même recourir quelquefois au témoignage des sens des autres hommes pour s'assurer qu'on apperçoit les mêmes objets comme eux ; mais si leurs sensations sont différentes, il est nécessaire d'examiner, si cette différence est produite par le défaut des sens, ou par le jugement qu'on porte des sensations. Il résulte de tout cela, qu'il est indispensable d'avoir des sens bien constitués et en harmonie avec ceux des autres hommes, qu'il faut savoir s'en servir, appliquer chacun d'eux de la manière la plus avantageuse aux objets qu'ils peuvent étudier, s'environner de tous les moyens les plus propres pour les rendre fidèles, et suspendre encore sa décision jusques à ce que l'on soit convaincu de sa solidité. Enfin, comme chaque sens fournit des sensations et des idées qui lui sont particulières, il faut que chacun d'eux étudie le même objet, parce qu'il arrive quelquefois, qu'un sens corrige les erreurs des autres.

CHAPITRE III. Page 197.

Les instrumens deviennent les supplémens

N 4

des sens pour obtenir l'exactitude dont ils ne sont pas susceptibles, pour atteindre des objets hors de leur portée; et pour établir entre les observations des comparaisons impossibles sans eux.

Un instrument de ce genre doit être simple dans sa construction, commode dans son usage, exact dans ses effets, et facile à conserver. Il doit être encore parfaitement connu de celui qui l'emploie, et être employé avec précaution pour qu'on puisse profiter de tous ses avantages; mais comme les meilleurs instrumens sont toujours imparfaits, on doit rechercher la cause des erreurs où ils peuvent jeter, et se défier des jugemens qu'ils peuvent d'abord suggérer.

L'observateur attentif ira peut-être encore plus loin; il deviendra artiste, pour mieux connaître la nature des matières employées à faire les instrumens, la manière dont elles agissent les unes sur les autres, dans tous les cas, afin de prévoir mieux les effets qu'il veut produire, soit qu'il invente l'instrument lui-même, soit qu'il s'en serve.

CHAPITRE IV. Page 225.

Les difficultés qu'on rencontre souvent dans les observations, exigent beaucoup d'adresse dans l'observateur pour les surmonter ; il faut de la réflexion pour diriger les sens de la manière la plus avantageuse, et pour suggérer les expédients les plus convenables aux circonstances. Cette réflexion se manifeste par une heureuse prévoyance des effets qui peuvent s'offrir, par une grande facilité pour se prêter aux évènemens, et pour trouver des ressources contre les obstacles imprévus, pour s'environner de moyens énergiques, pour suppléer à ceux qui pourraient manquer, et pour profiter des observations passées et présentes.

CHAPITRE V. Page 236.

Le temps est indispensable à l'observateur, qui doit s'armer de patience pour bien voir, comme pour tout voir ; la nature ne chemine pas aussi vîte dans ses opérations, que l'imagination dans ses rêves ; il faut prendre son pas pour la suivre ; d'ailleurs, il faut répéter souvent les observations pour les vérifier ; cependant, en se prescrivant cette lenteur, il ne faut ni prodiguer le temps, ni le perdre sans nécessité.

CHAPITRE VI. Page 248.

L'attention est la qualité caractéristique du bon observateur ; elle se manifeste par la sagacité qu'elle produit, par l'exactitude qu'elle inspire , par les précautions utiles qu'elle présente, et par les preuves solides qu'elle fournit.

CHAPITRE VII. Page 251.

L'observateur pénétrant distingue d'abord ce qu'il y a d'essentiel dans ses observations pour y concentrer tous ses efforts, et y trouver la clef de ses recherches ; il n'est point étonné par les effets inattendus dont il apperçoit bientôt le lien avec les autres ; il saisit les rapports inconnus avant lui, il remarque les momens les plus favorables pour observer, et il en profite ; l'analyse sévère qu'il fait des phénomènes les dévoile à ses yeux, et s'ils résistent à ce moyen, il en cherche de nouveaux dans les phénomènes analogues, ou il recourt à la violence pour déchirer les voiles qu'il ne peut soulever. C'est ainsi qu'il parvient à démontrer la solidité de ses découvertes et les succès de ses procédés les obstacles qui l'environnent. Enfin, c'est ainsi qu'il se procure et qu'il conserve les objets de ses observations : son génie audacieux avec prudence, aborde tout, tente tout, et réussit pour l'ordinaire par-tout.

CHAPITRE VIII. Page 271.

L'exactitude, cette fille aînée de l'attention, guide toujours l'observateur, comme ceux qu'il peut instruire, parce qu'elle seule peut rassembler tous les traits de l'objet dont il s'occupe, et les placer sous ses sens comme ils sont dans la nature, en écartant les apparences trompeuses, les jugemens précipités, les spéculations hasardées; on la reconnaît dans la vérité des tableaux, la fidélité de l'histoire, la solidité des idées, et la certitude des découvertes de l'observateur qu'elle dirige. On acquiert cette exactitude précieuse par l'emploi d'une méthode sévère, qui n'est point satisfaite par des connaissances vagues ; mais qui veut tout approfondir, et qui ne passe d'une partie de ses recherches à une autre, que lorsque la première resplendit de lumière : aussi toutes les idées que l'observateur exact acquiert ou répand, sont justes et permanentes.

Chapitre IX. Page 290.

Le grand observateur ne néglige aucune précaution pour dissiper les doutes qu'on pourrait former sur ses observations. Il serait impossible d'indiquer toutes ces précautions, parce qu'elles varient comme les objets dont on s'occupe, et les vues qu'on se propose ; mais on peut remarquer, qu'il importe toujours de se préparer à l'observation par un plan bien déterminé de ses opérations, qui trace la route qu'on veut suivre : on saisit au moins ainsi les rapports de tout ce qu'on apperçoit. Il est également nécessaire de varier ses procédés, parce qu'on trouve souvent d'uue manière ce qu'on n'a pu trouver d'une autre. Il conviendrait encore d'estimer le maximum de précision qu'on peut atteindre, de s'armer contre les erreurs qu'on peut prévoir, contre les dérangemens qu'on peut rencontrer, contre l'influence des instrumens, qu'on emploie, des corps dont on se sert, et des circonstances où l'on se trouve.

CHAPITRE X. Pag. 308.

La répétition des observations est indispensable pour assurer leur bonté, pour avoir l'occasion de les étendre, pour écarter toutes les causes d'erreurs. En répétant une observation dans des circonstances différentes, on peut observer des faits nouveaux, et si cette répétition est faite par d'autres observateurs, on peut confirmer les premières observations, éclaircir ce qu'elles peuvent avoir de douteux, ou démontrer leur fausseté

CHAPITRE XI. Pag. 321.

Il faut encore imaginer tous les moyens

possibles pour établir solidement les observations : on voit bientôt qu'ils doivent varier suivant les cas et le génie de l'observateur ; mais on doit toujours les chercher pour choisir les meilleurs, ou pour s'en servir comme autant de preuves différentes. On variera donc les observations, en changeant leurs objets, en estimant la force des causes soupçonnées, en augmentant, ou diminuant leur énergie, en les supprimant lorsque cela est possible, en changeant l'ordre naturel des effets pour être témoin de leurs retours, en cherchant de nouveaux appuis aux découvertes qu'on a pu faire. On peut appercevoir alors les exceptions aux lois générales, et l'on fortifie la solidité de ses recherches.

CHAPITRE XII. Page 331.

Le bon observateur se défiant toujours de lui-même, ne se tranquillise, que lorsqu'il efface jnsqu'à l'apparence du doute, et ses précautions redoublent suivant l'importance des objets dont il s'occupe ; il ne saurait y avoir ici d'exagération, parce qu'on remarque des erreurs dans les meilleures observations ;

parce que les meilleurs observateurs n'ont pas craint de faire connaître les causes, qui les ont trompés ; parce qu'on est souvent tenté de deviner ce qu'on ne voit pas, et parce qu'on ne distingue pas assez l'état de l'objet observé pendant l'observation, et pendant son état naturel. Comment donc rendre une observation bonne ? En suivant les préceptes que nous avons donné, en multipliant ses moyens, en suppléant aux moyens directs par ceux qui le sont moins : l'analogie des effets annonce communément celle des causes, comme la différence de ceux-là indique la différence de celles-ci. Le connu peut conduire à l'inconnu. Les procédés des arts font même quelquefois comprendre ceux de la nature. Ces comparaisons n'offrent, il est vrai, que des probabilités ; mais ces probabilités sont des sources d'idées heureuses qui conduisent souvent au vrai. Enfin, la meilleure de toutes les méthodes pour étayer ses observations, c'est de les faire en sens contraire.

CHAPITRE XIII. Page 351.

Les observateurs trompent souvent dans

les récits de leurs observations, parce qu'ils accommodent les faits à leurs idées, et parce qu'ils ont observé avec négligence ou avec de mauvais instrumens. Les variations même qu'on remarque dans les descriptions différentes des mêmes faits, montrent au moins qu'ils n'ont pas été observés de même, et il n'est pas toujours impossible de découvrir la cause de ces différences ; mais il est toujours important de répéter les observations capitales pour déterminer le degré de crédibilité qu'elles méritent.

CHAPITRE XIV. Page 361.

On peut s'étonner en trouvant des observations opposées ; cependant cette opposition n'est quelquefois qu'apparente ; il arrive encore que les observations opposées réellement par leurs résultats, sont également fausses par leur nature ; elles sont alors le produit du préjugé, ou de la négligence ; mais il arrive aussi que des observations peuvent être différentes sans être opposées ; un point de vue nouveau n'anéantit pas ce qui a été bien vu, et des cir-

constances

cônstances différentes peuvent amener d'autres effets. Il paraît de-là que l'observateur doit être un bon critique, et toujours prêt à suspendre son jugement.

CHAPITRE XV. Pag. 371.

La différence des opinions a souvent déshonoré les philosophes, et la philosophie par les disputes indécentes qu'elle a fait naître. Sans doute, s'il est permis de défendre ses pensées, il n'est jamais permis d'insulter ceux qui les attaquent, et si c'est un devoir de redresser une erreur, il en est un autre au moins aussi important d'être modeste et honnête avec ceux qui se trompent. Je ne proscris donc point les disputes polies, parce qu'elles sont utiles, mais elles doivent porter sur les opinions, sans s'occuper des personnes.

CHAPITRE XVI. Pag. 377.

L'observation est le juge unique des questions de faits ; il serait bien difficile de se tromper toujours de la même manière ; aussi l'on ne doit jamais nier un fait qu'on n'a pas su observer, toutes les causes d'erreurs se réunissent contre celui qui oserait l'entreprendre, mais il faut démontrer la solidité de sa négation par des preuves sans replique.

Chapitre XVII. Pag. 383.

Les erreurs de l'observation ne sont pas toujours invincibles, aussi l'on doit toujours soumettre à l'examen les observations des meilleurs observateurs. Mais il serait fort important de déterminer les limites des erreurs, où l'on peut tomber, parce qu'en apprenant à les connaître, on serait moins facile dans sa confiance pour les autres, et plus difficile pour soi-même : la répétition des observations préviendra les erreurs qu'on pourrait commettre, parce qu'on serait presque dans l'impossibilité de se tromper souvent de la même manière.

Chapitre XVIII. Pag. 390.

S'il y a des faits qui paraissent inexplicables, il est pourtant vrai qu'on ne peut

pas les regarder tous comme étant irréduc-
tibles aux lois de la nature; ils sont, comme
les autres, perceptibles par les sens, et par
conséquent, ils peuvent être comme les autres
les objets des travaux de l'observateur.

CHAPITRE XIX. Pag. 405.

Comment estimer la crédibilité des observations? L'analogie d'un fait observé avec
ceux de la nature, offre un moyen qui
est sans doute fort utile, mais qui n'est
pas parfaitement sûr, parce qu'on ne connaît
pas tous les faits que la nature renferme,
et parce qu'on peut ignorer les faits analogues,
s'ils ne sont pas encore découverts. Les faits
rapportés sur des ouï-dire, ou par des auteurs suspects, doivent être toujours rejetés;
il en doit être de même pour les observations qui laisseraient appercevoir des traces
de négligence. Les faits extraordinaires doivent
être prouvés avec beaucoup plus de rigueur.
Les faits qui annoncent le merveilleux exigent la plus grande défiance. On peut toujours
croire les faits souvent revus par divers
observateurs, et ils seront d'autant plus croya-

qu'ils auront été revus plus souvent de cette manière.

CHAPITRE XX. Pag. 405.

Il serait important d'avoir une théorie sur la crédibilité des observations; je crois en avoir ébauché une dans ce chapitre; je ne saurais en donner une idée plus abrégée que celle qu'on pourra y trouver.

CHAPITRE XXI. Pag. 418.

Si le courage est nécessaire à l'observateur de la nature, il doit être toujours dirigé par la prudence, afin de conserver à la science, des hommes qui peuvent lui être utiles.

TROISIÈME PARTIE.

TOME II, CHAPITRE I. Pag. 1.

L'interprête de la nature retarde la publication de ses découvertes pour les rendre plus parfaites; il peut juger lui-même dans divers cas, s'il a fait tout ce qui lui était

possible pour perfectionner son ouvrage ;
quoiqu'il sache bien qu'il ne saurait presque
jamais épuiser les sujets qu'il traite ; mais il
doit sentir, s'il a saisi la plupart des rapports
des êtres qu'il étudie ; si ces rapports sont
liés entr'eux ; s'il se rend raison de tous les
effets qu'il a observés ; cependant, s'il avait
fait une découverte importante, il serait plus
utile aux progrès des sciences de la publier,
quoiqu'elle fût incomplète, que de la cacher
jusqu'au moment, où il aurait pu la perfectionner ; parce qu'en excitant la curiosité des
savans, elle provoquerait leurs efforts, et
elle amenerait des découvertes nouvelles.

L'interprête de la nature décrira fidélement
ses observations pour faciliter leur répétition.
Il distinguera ce qu'il a bien ou mal observé ;
il apprendra l'inutilité des moyens qu'il a
tenté ; il accompagnera ses découvertes de
toutes leurs preuves, en évitant les détails
inutiles, les excursions superflues ou imparfaites ; il mettra de l'ordre dans ses observations, en renvoyant tout ce qui pourrait
le troubler dans une place particulière ; il
sera sur-tout circonspect en généralisant ses

conséquences, et il aura toujours soin de distinguer les propositions qu'il énonce, des faits qu'il a décrits.

Chapitre II. Pag. 20.

Le but de l'observateur étant de faire mieux connaître les objets qu'il a observés, il évitera toutes les dénominations vagues, les descriptions mal terminées; il offrira surtout les différences et les ressemblances caractéristiques des objets propres à les distinguer de tous les autres. La bonne foi la plus sévère dirigera son pinceau; il sera scrupuleusement exact; il s'attachera sur-tout à faire resortir les traits les plus importans, et en cherchant à décharger son portrait de tout ce qui lui serait inutile, il lui conservera tout ce qui peut lui être essentiel. Il ne prendra jamais pour les objets de ses descriptions les termes extrêmes, mais il en fera remarquer les exceptions signifiantes, et les variétés qui sont les moins communes.

Si l'observateur démontre dans un être une qualité, il peindra sa nature, son intensité, et ses bornes, comme il a pu les observer.

Enfin, puisque ce n'est pas aisé de traduire ses sensations dans une langue vulgaire; il choisira toujours les mots les plus connus, et ceux sur le sens desquels il y a le moins d'équivoque à craindre. Il sera de même très-réservé dans l'usage des dénominations nouvelles, mais il employera de bonnes figures, lorsqu'elles seront nécessaires pour rendre plus claires ses descriptions.

CHAPITRE III. Pag. 43.

Les définitions doivent être un signe, ou un croquis de l'objet défini, ce qui en suppose une connaissance complète; aussi les définitions des naturalistes sont encore peu exactes; elles manquent quelquefois par les expressions qui sont peu propres à réveiller l'idée qu'elles doivent représenter, et à peindre l'objet avec netteté.

CHAPITRE IV. Pag. 46.

Les nomenclatures méthodiques sont indispensables, mais leur perfection est limitée par notre ignorance. Les classifications utiles doivent indiquer sûrement et facilement les objets qu'elles renferment, éviter les caractères trop particuliers, comme les petites variétés et les équivoques ; enfin, elles doivent employer les mots les plus clairs et les mieux appliqués.

CHAPITRE V. Pag. 63.

Les compilations d'histoire naturelle ont leur utilité et leurs dangers; elles inspirent le goût de l'étude de cette science , et elles la facilitent ; mais comme elles réunissent souvent sans critique des faits hasardés, elles font naître des préjugés qui sont les plus grands obstacles à toute espèce de progrès.

QUATRIEME PARTIE.

CHAPITRE I. Page 65.

Le but des observations et des expériences est de conduire à la cause des effets qu'elles font remarquer : aussi l'enchaînure des rap-

ports d'un être avec tous les autres, comme
la convergence des rapports particuliers vers
un rapport plus général, forment la théorie
d'un phénomène, ou son explication ; mais
si l'expérience et l'observation peuvent l'enseigner, il faut suspendre son jugement aussitôt que les faits cessent de nous instruire.

Chapitre II. Pag. 73.

Expliquer un phénomène, c'est trouver
ses rapports avec les êtres qui agissent sur
lui, ou sur lesquels il a quelque influence.
Lorsqu'un effet en précède toujours un autre,
on peut conclure que le premier est toujours
plus ou moins la cause du second ; sur-tout
lorsqu'il est suffisant pour cela, et qu'il
concourt à la conservation, comme à la re-
production de l'effet. Cette proportion des
causes aux effets n'est pourtant pas toujours
rigoureuse en apparence, parce que les mesures de l'ignorance ne sauraient être toujours
fidèles, et ses calculs d'une grande justesse ;
aussi dans l'analyse des effets et de leurs
rapports, il faut se borner à leur observation.

Il résulte de-là qu'on se tromperait, en ne voyant jamais qu'une seule cause à chaque phénomène ; dans un système d'êtres agissans les uns sur les autres, les causes sont souvent plus ou moins complexes, et l'on peut trouver la réunion des causes qui les forment dans la liaison de l'effet qu'on veut expliquer avec les autres.

La recherche des causes est facilitée quelquefois par l'écart momentané de quelques circonstances particulières des effets qui sont peu essentielles, et l'on arrive toujours à la connaissance des causes d'un phénomène par l'analyse de ses circonstances et de ses effets : l'observation et l'expérience favorisent et complètent ce moyen.

CHAPITRE III. Pag. 98.

Les règles que Newton a fourni pour la découverte des phénomènes, sont fondées dans la nature, et seront la boussole de tous les observateurs.

CHAPITRE IV. Pag. 107.

On peut souvent observer les causes dans

leurs effets, comme par exemple quelquefois dans les recherches faites sur les corps organisés; il faut alors chercher ces causes par l'observation du phénomène, sur-tout si l'action de la cause peut être modifiée par différens moyens. On pourra dans ce cas confirmer l'observation par les rapports de la cause avec l'effet. Ce calcul est pourtant difficile, quand il y a plusieurs causes concourantes pour produire l'effet, parce qu'il faudra multiplier les observations. Quand la recherche est hors de la portée des sens, on peut regarder comme réelle la cause qui paraît possible, en tirer les conséquences immédiates, et chercher ses rapports avec les faits connus.

CHAPITRE V. Pag. 119.

Les principes généraux ou ces effets généraux observés dans la nature, ou dans quelques-uns de ses systèmes particuliers, ou les propositions générales qui les représentent ne peuvent s'établir, que par un grand nombre d'observations sur les individus de l'espèce, ou du genre, ou du règne, ou du système de corps dont on s'occupe. Un fait particulier ne saurait fournir une proposition générale, quoiqu'il puisse en donner l'idée; mais la répétition des observations et leur extension peut la présenter à l'observateur; il est vrai que le nombre des faits à étudier l'étonnera d'abord; mais ce nombre se réduit bientôt, lorsqu'on écarte ceux qui n'apprennent rien de neuf.

On ne peut établir la vérité d'une proposition générale qu'en établissant celle de toutes les propositions particulières qu'elle renferme : on jugera de sa vraisemblance par l'étendue de son influence, et l'on complétera sa démonstration, en appréciant l'énergie et la combinaison des causes, les rapports des causes avec leurs effets, et en fixant les bornes de sa généralité, les variétés qu'elle peut offrir, et les exceptions qu'elle souffre.

CHAPITRE VI. Pag. 134.

L'observateur qui emploie l'induction s'élève de la connaissance des effets à celle des causes, parce que la cause doit renfermer la raison de ses effets.

Pour se servir de cette méthode, il faut isoler les faits sur lesquels elle est fondée ; alors on nie ou l'on affirme de chacun, ce que les sens font appercevoir. Quand on a établi les propositions particulières, on voit si l'on peut former une proposition générale qui les renferme toutes.

L'induction peut être aussi une conséquence tirée de plusieurs faits réunis ; mais elle ne peut être solide, que lorsque leur énumération est complète,

Les conclusions tirées de l'induction ne méritent de la confiance, que lorsque les faits sur lesquels l'induction repose sont rigoureusement constatés, et universellement rassemblés.

CHAPITRE VII. Pag. 146.

L'analogie comme l'induction conclut du particulier au général ; mais plus hardie dans ses conclusions, elle s'élance au-delà de ce que l'observation présente; les services qu'elle a rendus ont été souvent achetés par les écarts où elle a fait tomber. Elle sert l'observateur en étendant ce que l'on remarque dans un fait à ce que l'on peut soupçonner dans un autre. Il faut avouer pourtant qu'elle a conduit de cette manière à des découvertes heureuses.

L'analogie indique les faits qu'il faut vérifier, et les associe à ceux qu'on connaît pour trouver leurs causes; elle abrège ainsi les recherches, en trouvant dans un fait bien expliqué l'explication de quelques autres; elle fournit la méthode pour étudier certains phénomènes, en rappelant celle qui a eu des succès pour des phénomènes analogues : enfin, elle éclaire par les idées qu'elle inspire, comme par les soupçons qu'elle fait naître.

L'analogie est fondée sur la ressemblance qu'on observe dans les procédés de la nature. Pour l'employer utilement, il faut saisir les faits qui rapprochent les effets ou les causes, qu'on croit analogues; alors on conclut de cette ressemblance, que ces effets ou ces causes se produisent ou agissent de même; mais il faut se souvenir que les faits les mieux observés ne nous indiquent jamais ce qui peut échapper à nos sens, qu'il faut se défier des rapports apparens, et que c'est seulement lorsque les effets sont reconnus parfaitement semblables dans les mêmes circonstances, qu'on peut en conclure la ressemblance des causes, et que la ressemblance de celles-ci conduit sur-tout à la ressemblance de ceux-là.

Il résulte de-là que l'analogie ne peut s'employer un peu sûrement, qu'avec des objets du même genre; qu'elle ne doit pas s'étendre rapidement à d'autres genres; que ses conclusions ne peuvent devenir solides, que lorsqu'elles sont développées, et qu'elles découlent du même principe.

L'analogie devient pourtant encore plus audacieuse. Un rapport entre les propriétés de quelques corps peut s'étendre aux corps eux-mêmes qui semblent les annoncer. Dans

un système où tout est lié, il doit y avoir
des rapports entre les parties qui le forment,
puisque ces rapports en sont les liens. De
sorte que si quelques propriétés d'un être
sont données, les rapports possibles des autres êtres avec les propriétés inconnues de
celui-ci sont jusqu'à un certain point déterminées. Les limites de l'analogie seront donc
celles que la nature présente dans la ressemblance des êtres comparés.

Il faut malgré tout cela se défier beaucoup
des argumens analogiques, se convaincre
qu'ils ne sont pas des démonstrations, quoiqu'ils servent souvent dans des mains ha-
biles pour donner de la force aux découvertes qu'on peut faire sur les causes des
phénomènes; on rend au moins de cette
manière l'histoire naturelle plus intéressante
et plus instructive, et l'on répond à une
foule d'objections. Aussi, l'analogie qui est
si dangereuse dans son emploi, lorsqu'on
s'en sert légérement, devient un instrument
très-utile et même indispensable, quand on
s'en sert avec sagesse et avec prudence.

CHAPITRE

CHAPITRE VIII. [Pag. 177.

Les lois générales où ces résultats généraux des rapports particuliers existans entre les êtres de l'Univers ont pris le nom de lois ; parce que la liaison de ces rapports entretient l'ordre et l'harmonie de l'Univers: mais on se tromperait, si l'on croyait que nous possédons les résultats les plus généraux: pour les bien connaître, il faudrait avoir toute la nature sous ses yeux, et nous sommes bien loin de cette connaissance.

Pour trouver ces lois générales, il faut établir par une multitude d'observations soignées les rapports particuliers propres à produire le phénomène général; les retours périodiques serviront beaucoup dans cette recherche.

On peut aisément se tromper en formant ces lois ; on suppose quelquefois une uniformité qui n'existe pas ; on généralise trop vîte les faits particuliers. Cependant c'est l'art de bien généraliser ses idées qui fait le grand observateur.

CHAPITRE IX. Page 197.

Une hypothèse est une supposition pour expliquer un phénomène. Ces suppositions peuvent devancer les preuves, et les faire trouver quand les ressources directes pour les avoir, ne sont pas encore trouvées; elles ouvrent ainsi quelquefois la route qui conduit à la vérité. On ne risque pas beaucoup d'aventurer ses idées dans un sujet inconnu; elles peuvent le dévoiler; mais alors ces idées aventurées, ou ces hypothèses doivent conserver leurs noms, jusqu'à ce que l'observation et l'expérience les aient confirmées ou proscrites.

Il est aisé de comprendre, que les hypothèses doivent toujours être fondées sur des faits bien établis.

On doit sentir aussi, que les hypothèses nuisent quelquefois aux progrès des sciences, quand on leur donne trop d'importance; parce qu'en croyant posséder la vérité, on n'imagine plus qu'il soit nécessaire de la rechercher. Il faut même le dire, on ne fait guères des hypothèses, que parce qu'on veut tout expliquer de quelque façon que ce soit, ou parce qu'on craint le travail nécessaire pour trouver ce qu'on cherche, par l'observation et l'expérience; ou parce qu'on met trop de confiance dans les ressources de son esprit, ou enfin, parce qu'une précipitation enfantine montre la lumière dans une lueur.

CHAPITRE X. Page 215.

Il n'y a peut-être qu'un moyen de faire des hypothèses probables, ce serait de chercher entre toutes les combinaisons possibles qui seraient propres à produire un phénomène, celle qui paraîtrait la plus efficace ; alors cette hypothèse qui, par l'exclusion de toute autre, serait la seule qui expliquerait le phénomène, deviendrait presqu'une théorie solide, si elle rendait raison de toutes les conditions du problème proposé Ce travail qui paraît d'abord immense, peut cependant s'abréger beaucoup, en suivant la méthode des exclusions fournies par Frénicle ; elle suppose seulement que les conséquences tirées des faits, soient très-rigoureuses.

CHAPITRE XI. Page 231.

Une bonne hypothèse doit être simple; il faut en écarter les êtres étrangers à la nature et les vraisemblances fondées sur d'autres vraisemblances. Les causes employées doivent être suffisantes pour expliquer le phénomène; mais elles doivent être encore probables, ou du moins possibles, s'accorder avec les lois connues de l'Univers; l'analogie trouvée entre la cause supposée et d'autres causes agissantes, augmentera sa probabilité, quoique cette probabilité puisse être encore trompeuse; mais la probabilité de la supposition augmentera, si quelques expériences ou quelques observations la favorisent. Enfin, la probabilité d'une hypothèse sera proportionnelle au nombre des cas qu'elle explique, et à l'exactitude de l'explication. Cependant, quelque probable que puisse être une hypothèse, il ne faut jamais oublier qu'elle est une hypothèse, et son nom doit déterminer d'abord le degré de confiance qu'il faut lui donner.

CHAPITRE XII. Page 248.

Les conjectures sont ces jugemens fondés sur des rapports plus ou moins vagues, plus ou moins déterminés , d'après lesquels on essaie de conclure, qu'un effet peut être produit d'une certaine manière, parce qu'on ne sait pas se rendre raison, pourquoi il ne le serait pas ainsi; les conjectures, ces jugemens hasardés, ont été fort utiles à la philosophie; elles ont ouvert de nouvelles routes, elles ont fait naître de belles découvertes. Les succès qu'elles ont eus, font souhaiter que le génie s'élance encore dans l'Océan sans bornes du possible, mais les dangers qu'elles font courir, ordonnent de s'y engager en tremblant.

Pour conjecturer heureusement la cause d'un phénomène, il faut connaître le phénomène autant qu'il est possible, avec tous les rapports qu'il peut présenter, et tous les phénomènes analogues. Alors, entre tous les faits qui se présenteront, il faut saisir celui qui peut le mieux conduire à la solution la plus générale, et on le reconnaîtra quelquefois par les effets réels des causes connues, qui servent d'objets de comparaison, sans s'arrêter à une considération plus générale.

Une sage conjecture n'affirmera rien d'absurde, et elle laissera entrevoir une explication plausible des effets les plus importans.

La probabilité d'une conjecture sera proportionnelle au nombre et à la solidité des argumens qui l'établissent ; mais il ne paraît guères possible d'en calculer la valeur avec quelque exactitude.

CHAPITRE XIII. Page 279.

L'analyse physique consiste à remonter des effets à leurs causes, du composé à ses composans et à la nature de la composition ; ce qui peut conduire aux rapports de ces effets avec les autres effets. On pourrait de même passer du simple au composé, c'est la même route en sens contraire.

Les fondemens de cette analyse sont dans les idées immédiates fournies par les sens qui, en se combinant, donnent des idées plus composées, ou, en se décomposant, offrent des idées plus simples.

Tout le secret de cette analyse consiste à saisir par les sens les idées les plus simples de l'objet dont on s'occupe, à en tirer les idées les plus immédiates, à les lier étroitement, à trouver dans les circonstances de ce fait, les rapports qu'il peut avoir avec d'autres êtres de l'Univers, à y puiser des idées moyennes qui en préparent de nouvelles, et qui lient celles qu'on a trouvées, à répéter les mêmes opérations sur les chaînons importans de la chaîne, et à en réfléchir la lumière sur l'ensemble du sujet; alors en réunissant toutes ces propositions, elles doivent mener à la proposition générale qui offrira la solution du problème.

Cette méthode conduirait à des écueils dangereux, si l'on voyait d'abord dans le fait les conséquences qu'on croit pouvoir en tirer, sans les avoir soumises à ce procédé sévère; mais, dans tous les cas, elle fournit, pour l'ordinaire, des idées claires et vraies; elle est aussi par conséquent, un des moyens les plus sûrs d'interprêter la nature, et la route la plus facile pour enseigner la physique et l'histoire naturelle.

CHAPITRE XIV, Page 295.

La Synthèse est cette méthode de trouver la vérité par des raisonnemens fondés sur des principes solides, et des propositions démontrées et fortement liées; elle s'avance par les conséquences qu'elle tire des propositions solidement établies, et elle assure sa marche en procédant avec mesure et circonspection. Aussi, elle définit avec soin les mots qu'elle emploie; elle choisit des vérités démontrées pour servir de preuves à ses propositions; elle suppose seulement la possibilité de répéter les expériences fondamentales avec les meilleurs instrumens; elle divise son sujet pour en étudier séparément les parties, et les propositions qu'elle a démontrées deviennent autant de moyens pour démontrer les autres, et résoudre les problèmes qui peuven se présenter ; on lui voit écarter les propositions incidentes, pour traiter à part chacune d'elles. On comprend bien que, pour suivre cette marche, il faut avoir fait et prouvé les expériences et les observations fondamentales. Le lien des propositions montre bientôt si chacune d'elles est solide, suffisante et bien établie.

CHAPITRE XV. Page 304.

Un système est la disposition d'une ou plusieurs parties de la nature, combinées avec leurs rapports, et enchaînées de manière qu'elles puissent montrer leur développement dans le système des êtres, leur conservation, leur jeu, leurs usages, et quelquefois leur production. On donne le nom de système à cette heureuse liaison d'idées fondées sur les faits, et déduites les unes des autres, en sorte qu'elle rende raison des phénomènes qu'on veut expliquer, et des rapports que ces phénomènes doivent présenter, lorsqu'ils sont décrits sous ce point de vue.

Il paraît à présent qu'un système doit être

un ouvrage synthétique, reposant sur la combinaison des propositions dépendantes pour leur solidité des principes qui leur servent de bases, et de la liaison qu'une raison sage établit entr'elles. On ne peut douter que les principes, ou ces idées fondamentales doivent être les faits eux-mêmes, ou leurs conséquences immédiates.

Le but d'un système est de lier les faits particuliers à un principe général, ou à un petit nombre de faits particuliers, qui ont de l'analogie avec eux, pour en tirer une idée générale, qui renferme toutes les idées produites par les faits particuliers.

Il y a cette différence entre les hypothèses et les systèmes ; c'est que les premières sont fondées sur des suppositions plus ou moins probables : tandis que les seconds reposent sur des faits, et que les idées qu'ils fournissent, sont aussi appuyées par de nouveaux faits qui les ont fait naître.

Les systèmes ont leurs inconvéniens et leurs avantages ; ils peuvent séduire par leurs apparences imposantes, et cacher l'erreur sous le masque de la vérité ; mais ils ont fait aussi entreprendre une foule de recherches utiles pour les établir ou les détruire. L'esprit systématique est bien plus dangereux que les systèmes, il influe sur toutes les observations, sur toutes les idées ; il ne voit que celles qu'il desire, et il conclut toujours du particulier au général.

CHAPITRE XVI. Page 322.

Les faits fournissent, à la vérité, quelquefois des opinions incertaines, mais il est alors probable que ce qu'ils renferment de caché, est précisément ce qui devrait répandre sur eux la lumière. Ces faits sont comme les problèmes indéterminés de l'algèbre, où les données manquent pour former l'équation ; cependant, comme ils sont jusqu'à un certain point susceptibles de solution ; le physicien, le naturaliste ne négligeront pas de s'en occuper, pour ramener par l'observation le problème à des termes qui pourront les rapprocher aussi d'une solution plus ou moins satisfaisante.

CHAPITRE XVII. Page 328.

On perfectionnera l'art de faire les observations et les expériences en perfectionnant
nos sens et nos instrumens; mais sur-tout
en acquérant cette attention qui fixe l'ame et
les sens sur les objets qu'on étudie ; on se for-
merait peut-être sur-tout un esprit observateur, si ceux qui en sont doués enseignaient
leur manière d'observer, comme Reaumur et
Trembley. L'éducation pourrait influer beaucoup pour créer cet esprit, en mettant entre
les mains des jeunes gens la nature plutôt
que les livres, et en leur faisant répéter les
observations des grands maîtres en suivant
strictement leurs méthodes. La plupart des
observateurs contribueraient à la perfection
de l'art d'observer, s'ils étaient moins super-
ficiels, et s'ils approfondissaient davantage
les sujets dont ils s'occupent. Que d'objets
importans se présentent toujours à eux! La
nature entière est encore presque neuve pour
ceux qui y porteraient un regard attentif.
Les observations contestées méritent sur-
tout l'attention ; les sociétés savantes devraient
se charger du soin de les examiner.

Il serait à souhaiter que le nombre des observateurs s'accrût, que les gouvernemens s'intéressassent à une foule d'observations qui ne peuvent réussir qu'avec leur intervention. Les voyages bien dirigés peuvent être fort utiles dans ce but. Il faudrait qu'il y eût des observateurs répandus en divers lieux, pour y faire les observations capitales qui ne pourraient être faites que dans ces lieux que la nature semble avoir destinés pour elles. Les riches devraient concourir par leurs richesses aux progrès des sciences et des arts, qui leur fournissent mille jouissances. Enfin les sociétés savantes devraient tracer la marche qu'on doit suivre, en indiquant pour chaque science ce qu'on connaît bien, ce qu'on connaît imparfaitement, ce qu'on ignore, et ce qu'il serait le plus important de connaître avec profondeur.

CINQUIÈME PARTIE.

TOME III, CHAP. I.er Page 1.

L'art de faire des expériences a deux parties distinctes ; l'une se réduit à répéter les expériences déjà faites, l'autre à en imaginer de nouvelles et à les exécuter. Tout ce qui peut devenir perceptible par le moyen des préparations artificielles, ou par une violence faite aux êtres qu'on étudie, est un sujet d'expériences.

L'analogie conduit à l'expérience en laissant conclure de ce qui est à ce qui peut être dans d'autres cas; l'expérience prononce sur la solidité de la conclusion.

CHAPITRE II. Page 11.

L'art des expériences ressemble beaucoup, à divers égards, à l'art d'observer; aussi, il me suffira d'exposer ici ce qui est particulièrement relatif à ce dernier.

CHAPITRE III. Pag. 13.

On peut considérer trois choses dans une expérience, son objet, les circonstances dans lesquelles on l'a faite, et l'effet produit. Le sujet de l'expérience ne peut être séparé de son but, ce qui montre les moyens de le remplir, par conséquent, la facilité de leur emploi et la sûreté du résultat doivent dé‑terminer dans le choix qu'il faut en faire. Cependant, comme les cas qui se présentent dans les expériences sont rarement simples, et comme il y a souvent une action simul‑tanée de diverses substances, il importe de les séparer, en supprimant tour-à-tour, quand on le peut, toutes les forces agissantes, à l'exception d'une seule, ou bien en rendant sensibles toutes les parties d'un corps.

On rend la même expérience plus instruc‑tive en variant les sujets qu'on y emploie, ou les procédés dont on se sert, et l'on peut être dirigé dans cette variation par les effets qu'on attend, ou qu'on veut produire. Le prolongement des expériences est extrême‑ment important, de même que leur exten‑sion à diverses parties du sujet, ou à des êtres différens. La répétition des expériences dans des circonstances différentes n'est pas moins utile; on les répète utilement en les faisant en sens contraire, ou par la suppres‑sion des causes soupçonnées de l'effet, qu'on veut expliquer, ou par l'augmentation de leur énergie, ou par leur diminution, ou par leur suppression totale, ou par leur application à d'autres phénomènes analogues.

Les expériences sont souvent indiquées par ce qu'on a pu observer; mais toujours il faut peut-être plus d'imagination et d'adresse pour trouver les meilleurs moyens de faire des expériences, que pour suivre les observations, parce qu'il faut alors créer les circonstances, où l'on place l'objet sous ses sens: tout devient difficile, il faut au moins commencer ses essais avant d'avoir approfondi le sujet dont on s'occupe, et il est impossible de donner des règles sur une matière qui peut varier de mille manières.

Il n'est pas moins important de chercher les contraires de la cause soupçonnée, de découvrir les limites des effets produits, et celle des lois résultant des expériences, de décomposer les causes agissantes pour amener un phénomène : dans tous ces cas, l'analogie employée avec précaution, peut être un bon guide.

La

La difficulté de bien faire une expérience est diminuée par un emploi réfléchi des moyens les plus commodes ; l'exactitude toujours indispensable, et qu'on obtient rarement réclame les mêmes secours ; l'attention la plus soutenue doit accompagner tous les procédés pour en saisir tous les effets, pour prévenir les jugemens précipités, et remarquer toutes les circonstances ; c'est ainsi qu'elle s'empare des différences observées dans la répétition des expériences, et qu'elle en découvre les causes.

Le temps doit être considéré dans les expériences soit dans ce qu'il a de favorable pour les faire ; soit dans l'influence de sa durée, sur les effets produits.

Il est toujours important de se rapprocher autant qu'il est possible des procédés de la nature dans les expériences qu'on imagine pour l'expliquer.

Les expériences répétées ne sont pas toujours semblables, lors même qu'elles sont faites avec le plus grand soin, mais ces variations sont sur-tout remarquables, quand on fait les expériences avec des instrumens différens, ou par des méthodes particulières; elles seront toujours différentes quand elles seront faites avec négligence, ou même avec des préjugés. Il résulte au moins de là qu'une expérience mal faite ne saurait anéantir celle qui a été faite autrement.

On se tromperait souvent en concluant du petit au grand, comme en tirant quelquefois des conséquences rigoureuses des résultats des expériences; parce qu'elles ne peuvent presque jamais être faites avec une certaine rigueur; mais quand on a raconté ce qu'on a vu, quand on a répété les expériences contradictoires, varié celles qu'on a faites, on peut juger du degré de leur probabilité.

Un sujet sera traité avec solidité, s'il offre une suite d'idées et d'expériences bien liées; on ne commence jamais une expérience, sur un sujet, sans se dévouer à en faire un grand nombre qu'on n'apperçoit pas encore; mais il faut cette constance dans le travail pour arriver à la vérité.

La prudence est nécessaire dans les con°
séquences qu'on tire des expériences, sur-
tout si l'on ajoute quelque chose à ce qu'elles
annoncent immédiatement ; mais alors ces conséquences elles-mêmes sollicitent des expériences nouvelles. On ne sait que trop que
toutes les conséquences tirées des expériences
n'ont pas été toujours vraies, soit parce qu'on
a été séduit par les apparences ; soit parce
qu'on n'a pas saisi tous les rapports qu'elles
présentaient ; soit enfin parce qu'on a été
trompé par une fausse théorie.

Il faut remarquer pourtant encore, que les
expériences elles-mêmes peuvent tromper à
certains égards, sans tromper à d'autres ; de
sorte qu'il faut sur-tout les considérer sous
le point de vue où elles sont nécessairement
vraies.

Il est toujours important de se rappeler,
que les expériences ne sont pas toujours suffisantes pour conduire directement aux lois
qu'on cherche ; aussi l'on remarque souvent
que l'expérience ne confirme pas les théories,
et même que les expériences tentées d'après

d'autres expériences ne s'accordent pas avec elles dans les phénomènes qu'elles présentent.

CHAPITRE IV. Page 90.

La Chimie, cette base de toutes les sciences naturelles, offre un genre d'expériences très-difficiles à bien faire, et très-délicates à suivre; presque toutes exigent de singulières précautions, pour distinguer les êtres qui agissent pendant l'opération de ceux qui sont purement passifs, ou les produits naturels de ceux qui sont les résultats des moyens employés. C'est ici en particulier que les agens et les instrumens doivent être parfaits; qu'il faut apporter la plus grande attention à toutes les parties de l'expérience, et l'exactitude la plus scrupuleuse dans l'évaluation des effets; c'est ici que l'œil du génie doit être continuellement ouvert pour appercevoir et juger toutes les circonstances de l'opération, et saisir avec maturité les conséquences qu'on peut tirer des ressemblances, ou des différences qui se présentent. Chaque procédé offre des effets particuliers qu'il faut connaître, et apprécier. Si les tables d'affinités sont d'un usage considérable; il faut pourtant se souvenir qu'elles sont incomplètes, et que la masse des matières employées, influe sur elles. On emploie la voie sèche et la voie humide, mais il ne faut pas oublier que les compositions et les décompositions opérées sous nos yeux, sont souvent des effets dont on ne connaît pas toutes les causes; comme on ignore ce qui produit ces anomalies, dont il est si difficile de découvrir l'origine. Comment peut-on se flatter de reconnaître toujours exactement les parties constituantes des corps, quand elles ont été tourmentées par les agens chimiques? De sorte qu'il faut réunir mille tours d'adresse pour acquérir ce degré de certitude, auquel la chimie parvint entre les mains des Claproth et des Vauquelin.

CHAPITRE V. Page 127.

On pourrait parler ici des expériences de psychologie et de médecine; mais elles ne sont pas encore soumises à des procédés assez sûrs pour les rappeler; les beaux génies qui les suivent, feront connaître leurs méthodes; j'ai cru convenable de dire un mot des expériences d'agriculture : quoiqu'elles paraissent bien simples, elles sont peut-être plus compliquées que toutes celles dont je me suis occupé ; elles réunissent une combinaison savante des causes physiques, morales et politiques ; elles sont très-difficiles à juger par leur résultat ; en général, elles différent de celles du physicien à beaucoup d'égards ; elles ne peuvent aisément se généraliser ; et elles exposent à mille erreurs.

CHAPITRE VI. Page 135.

Les observateurs proprement dits ont été rares chez les anciens, quoiqu'ils en aient fourni de célèbres ; ils ont eu encore un plus petit nombre de philosophes qui aient fait des expériences ; c'est seulement au renouvellement des sciences que ceux-ci se sont multipliés, et on les voit s'augmenter à mesure qu'on approche de nos jours. Il serait possible de les réduire à cinq classes : 1.º Ceux qui s'occupent de quelques objets particuliers. 2.º Ceux qui observent à l'aventure. 3.º Ceux qui se bornent à l'étude des faits. 4.º Ceux qui font des observations ou des expériences pour appuyer leurs opinions. 5.° Enfin, ceux qui trouvent dans la nature de belles théories.

CHAPITRE VII.

Après avoir recommandé l'exactitude dans les expériences, j'ai cru devoir remarquer qu'elle avait ses bornes.

CHAPITRE VIII, IX, X, XI.

J'ai représenté la critique et les arts comme les résultats des rapports découverts dans les êtres naturels et par conséquent comme les produits de l'observation de la nature.

FIN.

TABLE.

TOME I.ᵉʳ

TOME III.

CINQUIÈME PARTIE

L'art de faire les expériences.

Fin de la Table.

ERRATA.

PAGE 124 ligne 22 trouveront *lisez* se trouvèrent
——— 166 ——— 19 Mais (*il faut l'effacer*).
——— 197 ——— 15 le signe *lisez* le signe hiéroglyphique
——— 221 ——— 29 d'une législation pour les arts
lisez de leur législation
——— 251 ——— 8 les obstacles *lisez* malgré les
obstacles
——— ——— 16 comme ceux qu'on peut instruire (*il faut l'effacer*)

A GENÈVE, de l'Imprimerie de LUC SESTIÉ.

www.ingramcontent.com/pod-product-compliance
Ingram Content Group UK Ltd.
Pitfield, Milton Keynes, MK11 3LW, UK
UKHW020127130726
13696UKWH00001B/238